Para

com votos de paz.

DIVALDO FRANCO
PELO ESPÍRITO JOANNA DE ÂNGELIS

Rumos
Libertadores

Salvador
6. ed. – 2019

©(1978) Centro Espírita Caminho da Redenção – Salvador, BA.
6. ed. (1ª reimpressão) – 2019
500 exemplares (milheiro: 28.200)

Revisão: Manoelita Rocha
        Plotino Ladeira da Matta
Editoração eletrônica: Marcus Falcão
Capa: Cláudio Urpia
Coordenação editorial: Lívia Maria Costa Sousa
Produção gráfica:
        LIVRARIA ESPÍRITA ALVORADA EDITORA
        Telefone: (71) 3409-8312/13 – Salvador (BA)
        Homepage: <www.mansaodocaminho.com.br>
        E-mail: <leal@mansaodocaminho.com.br>

Dados Internacionais de Catalogação na Publicação (CIP)
(Catalogação na fonte)
Biblioteca Joanna de Ângelis

F825	FRANCO, Divaldo Pereira. *Rumos libertadores*. 6. ed. / Pelo Espírito Joanna de Ângelis [psicografado por] Divaldo Pereira Franco. Salvador: LEAL, 2019. p. 224 ISBN: 978-85-8266-203-8 1. Espiritismo 2. Psicografia I. Franco, Divaldo II. Título CDD: 133.93

Impresso no Brasil
Presita en Brazilo

SUMÁRIO

Rumos Libertadores

"Homens, irmãos a quem amamos, aqui estamos junto de vós. Amai-vos, também, uns aos outros e dizei do fundo do coração, fazendo as vontades do Pai, que está no Céu: Senhor! Senhor! ...e podereis entrar no Reino dos Céus."

O Espírito de Verdade
(Prefácio)

Após as jornadas promovidas pelos homens na direção da Lua como de outros planetas do Sistema Solar, procurando as respostas legítimas para os complexos problemas sobre as origens do ser e sua evolução, novos desafios surgem propondo respostas urgentes, sem que, no entanto, as mentes armadas para as conquistas de fora logrem encontrar as soluções urgentes para as suas inquietações íntimas.

Nas viagens habituais, sempre se defrontam com rumos variados, que se multiplicam, conduzindo a lugares diversos, conforme o veículo que se escolhe e o local de destino para onde se segue.

❖

Há rumos que conduzem aos altiplanos onde se desdobram, imensas, as paisagens ricas de beleza e infinito.

Há rumos que levam às ásperas e tortuosas baixadas, onde proliferam miasmas, sombras e morte.

Há rumos em dédalos que transportam para lugares nenhuns, produzindo fundas decepções.

Rumos e rumos!

Uns são rumos que escravizam, e outros, rumos libertadores.

Faz-se imperioso saber-se qual a meta que se persegue, a fim de escolher-se o rumo por onde avançar.

Helen Keller, não obstante cega e surda, escolheu o rumo da iluminação interior e, saindo da amargura em que se poderia emparedar, alienando-se, encontrou a alegria de viver, ensinando a técnica da felicidade para todos.

Eichmann, portador de expressiva cultura e dotado de um físico excelente, vitimado pela paixão de preservar uma pseudorraça superior, elegeu o rumo do extermínio de seis milhões de judeus.

Rumos antigos, rumos modernos!

Maria de Magdala, atendida por Jesus, tomou o rumo libertador que a conduziu à madrugada da Ressurreição e, posteriormente, aos sublimes cimos da Vida.

Judas, embora carinhosamente assistido pelo Mestre, deixou-se arrastar por injustificável precipitação, seguindo o funesto rumo do suicídio infeliz.

O Evangelho tem sido, através dos tempos, o mais seguro rumo de libertação interior de que se tem notícia.

Muitos discípulos desatentos, manipulando-o, embora habilmente, não o seguem, perdendo o rumo e complicando a existência, que poderiam utilizar proveitosamente.

Cuida-te ao escolheres o caminho por onde avançar.

Roteiros há que terminam em lugares sem saída e outros que conduzem a amplas regiões de paz.

Vê qual o rumo que pretendes tomar e elege a via da libertação.

Não postergues a tua decisão superior.

Reunimos neste livro vários rumos libertadores, conforme as circunstâncias em que os problemas e dificuldades se apresentem, como contribuição para segura movimentação no trânsito carnal.

As páginas que se irão ler foram inspiradas nos preciosos ensinamentos insertos em O Evangelho segundo o Espiritismo, *de Allan Kardec, por considerá-lo verdadeira bússola, apontando o rumo seguro para todos os candidatos e aspirantes ao Reino dos Céus, de que nos fala Jesus.* [1]

Estes são roteiros simples e confortadores, apresentados, à guisa de colaboração, aos estudantes da formosa Doutrina Espírita, que é verdadeiro Renascimento do Cristianismo, numa hora grave e difícil qual a que ora se vive no planeta, entre aturdimentos, ansiedades e frustrações...

Singelas sugestões, cada um as examinará, conforme suas próprias emoções, as circunstâncias que se apresentam, os interesses e objetivos que defronte na conjuntura reencarnacionista.

Constituem modestos contributos que resultam de acuradas reflexões e de informações que colhemos, do lado de cá, *na sabedoria de abnegados instrutores espirituais, encarregados de promover o homem e o progresso da Terra, conforme as augustas diretrizes do Mestre Insuperável.*

Rogando escusas ao leitor pela simpleza da forma e modéstia de conteúdo do presente trabalho, suplicamos ao Excelso Condutor que nos abençoe e nos guie pelo Seu rumo libertador em paz e segurança.

Paramirim (Bahia), 27 de fevereiro de 1978.

Joanna de Ângelis

---

1. Assinalamos o capítulo e o respectivo item ao início de cada estudo de que nos utilizamos para os comentários da obra citada, extraídos da 66ª edição da FEB (nota da autora espiritual).

1
COM DEUS SEMPRE

Estudo: cap. I – item 9.

A braças-te à cruz do serviço espiritual e defrontas dificuldades.

Se os amigos desconsideram os teus esforços, criam-te embaraços, impõem-te pesados contributos de paciência e humildade, avinagrando tuas aspirações, confia em Deus e não te relegues ao pessimismo.

Afeiçoas-te ao devotamento fraterno e abres os sentimentos à solidariedade e ao amor.

Se os conhecidos descreem dos teus propósitos, caluniam-te e apontam-te com doestos ácidos e indébitas acusações, porfia com Deus e não diminuas o ardor da ação.

Ofertas-te às causas enobrecedoras e doas os teus esforços dignificantes aos postulados que te produzem renovação.

Se os familiares se referem ao teu passado de erros ou às tuas atuais impossibilidades de superação das falhas morais que ainda tisnam teu caráter, ama com Deus, não recuando na empresa.

Encontras-te diante de experiência nova, que a fé raciocinada te propõe, e entusiasmas-te.

Se os companheiros, descrentes e servis à ignorância, tentam manter-te nas redes encarceradoras da sombra e do vício, insiste com Deus e não temas.

Renovando-te em face das expressões libertadoras que encontras, agora, diante da Mensagem do Cristo que descobres, alegras-te e começas a sair de surdos padecimentos.

Se antigos comparsas, que te conhecem as atitudes infelizes, surgem, acusando-te ou atraindo-te ao retorno à queda, arrima-te em Deus e não receies.

Planejas o empreendimento da caridade e clarificas-te com as probabilidades luminosas do êxito.

Se os famanazes da discórdia e da destruição se armam e sublevam contra o teu labor e a tua pessoa, atua com Deus, desculpando-lhes a insensatez e a enfermidade moral.

Envolvido pelos compromissos de edificar nas mentes o ideal de santificação pessoal e intransferível, emocionas-te e reconheces a grandeza da realização em face da própria pequenez.

Se te negam autoridade para o mister e insistem em desnaturar os teus sentimentos, deixando-te a sós e sofrido, apoia-te em Deus e não renuncies ao apostolado.

Sempre com Deus.

Na treva exterior e íntima, Deus é claridade.

Na guerra incessante e impiedosa, Deus é paz.

Na soledade e no abandono, Deus é companhia.

No sofrimento, no problema e na amargura, Deus é solução.

No trabalho e na dificuldade, Deus é apoio.

Na emergência e no desespero, Deus é auxílio.

No fracasso e na queda, Deus é misericórdia.

Em qualquer circunstância, na dor ou na felicidade, no abandono ou no amor, na glória ou no insucesso, Deus é o Pai amoroso de todos os instantes, velando e zelando, paciente e incansável, desde antes dos tempos e dos espaços, em favor de todos nós.

2
ENTUSIASMO E AÇÃO CONSCIENTE

Estudo: cap. I – item 10.

O êxito que te explode n'alma em canção de alegria, não te constitua fermento de vaidade. Recorda o ensino de Jesus, quando afirma: "Digno é o trabalhador do seu salário", estimulando-te a produzir mais.

Os comovedores resultados que se te manifestam, em razão do dever bem cumprido, não se te transformem em perniciosa autossuficiência. Medita no conceito do Mestre, ao asseverar: "Mais se pedirá àquele que mais recebeu".

Os aplausos que te servem de medida para avaliação do labor que ofertas, não se te transformem em emulação à soberbia. Tem em mente a lição do Cristo, quando esclarece: "Os primeiros serão os últimos".

A emoção dos amigos que te cercam de carinho, mimoseando tua alma em face dos compromissos retamente atendidos, não deve conduzir-te à invigilância. Atenta para a palavra do Divino Amigo, quando adverte: "Quem desejar ser o maior, faça-se o servo do menor entre todos".

As palavras encomiásticas que soam aos teus ouvidos, expressando o entusiasmo daqueles que participam da tua realização cristã, não se te transformem em bafio pestilento ou morbo anestesiante da razão. Fixa a sábia palavra do Excelso Benfeitor, a esclarecer: "Quando eu for erguido (na cruz), atrairei todos a mim".

A excitação, que decorre dos primeiros tentames bem-sucedidos, não te sirva de impulso para a precipitação intempestiva, através de labores que estão acima das tuas possibilidades. Reflexiona na grave advertência do Filho de Deus, quando exclama: "A cada dia bastam os seus males".

❖

A aparente chegada ao ápice das atividades abraçadas não te expresse o momento de parar para o falso justo repouso. Aprofunda-te na oportuna Mensagem do Construtor Sublime, quando afiança: "O Pai até hoje trabalha, e eu também trabalho".

❖

Os elogios, com que comentam os teus feitos, não se convertam em pressupostas verdades para ti. Pensa no lapidar ensinamento do Senhor, quando acentua: "Estreito é o caminho da salvação, e apertada é a porta".

❖

Na alegria ou na tristeza consulta os "ditos de Jesus", a fim de que não te equivoques nem enganes a ninguém.

O investimento em favor da tua libertação espiritual é para toda a vida.

O êxito passa, os aplausos cessam, os júbilos transitam, os encômios se transferem de ídolos, a emoção exacerbada cansa, as alturas atemorizam, porém, a ação incessante e silenciosa do bem não produz amargura nem decepciona jamais, prosseguindo como termômetro capaz de medir a temperatura moral do bom servidor e dar-lhe a necessária qualidade do seu esforço.

Se te sentes ligado ao bem em favor do teu próximo, não te deixes corromper pelas transitórias fantasias, nem induzas pessoa alguma ao erro, mediante as técnicas da mentira ou da insinuação infeliz.

Cumpre com o teu dever, ignorando as bajulações equivocadas e insistindo em reconhecer que sem o Cristo nada és, nada significas, n'Ele tudo podendo, conforme Paulo declarava com formosa humildade e convicção.

3
ENTREGUE A DEUS

Estudo: cap. II – item 3.

D iante do açodar das aflições, não te desgastes desnecessariamente. Recebe o sinete do sofrimento como símbolo de libertação. Se a dor te surpreende, recompõe a paisagem da alma e refaze a confiança em Deus.

Se o acúleo da angústia se te crava no coração, retoma a posição de equilíbrio e arranca-o, mantendo a tua confiança em Deus.

Se o desespero te prepara armadilhas, comburindo-te nas labaredas da inquietação, reflexiona no tempo que passa e permite o refrigério da esperança, resguardando-te na Misericórdia de Deus.

Se o imprevisto surge à tua frente, ameaçando-te com agressividade, em forma de violenta erupção de angústias indescritíveis, não te arrojes nos braços do padecimento nem da revolta. Faze um exame de situação e busca a diretriz na Misericórdia de Deus.

Se a provação te chega aos painéis da alma através de um amigo que se te fez ingrato, de um ser amado que delinquiu, de um afeto que debandou, de um companheiro que desrespeitou os melhores sentimentos da tua devoção, de um irmão que não correspondeu à tua expectativa, não te permitas sintonizar com ele na mesma faixa de mal-estar e de incúria. Entrega-te, através da oração, à proteção de Deus, confiando-o à assistência Divina.

❖

Estás na Terra na condição de um mecanismo precioso que se desarranjou, mas o suceder dos tempos irá reorganizar.

O fruto amadurece no momento azado para produzir o sabor que lhe corresponde, e o botão que desabrocha pela violência não pode oferecer o pólen maduro para o milagre da fecundação.

Confia no tempo e o tempo te reservará a bênção correspondente à sua própria quadra.

Quem se entrega, espontaneamente, às mãos de Deus, encontra diretriz e apoio, caminho seguro e ânimo robusto, porque, saídos das mãos de Deus, marchamos para o amorável coração de Deus na abençoada estrada da evolução.

Se, no entanto, supuseres que os fardos parecem conspirar contra a fortuna da tua alegria, o anjo da saúde não se te faz propiciatório e a fada felicidade parece haver-te esquecido, compara-te com Jesus, o Excelente Filho de Deus...

❖

Quem O visse negado por um amigo, por outro traído, por todos ignorado, sob o peso de uma cruz e o apupo de toda uma cidade, vergado, tendo na cabeça os espículos de uma coroa infecta, o coração lanhado de amargura, não diria que aquele era o símbolo de uma vitória, mas a representação de um fracasso. No entanto, Ele era o Rei Solar, superando as conjunturas da Terra, a fim de, no madeiro da infâmia tornar-se, não somente o protótipo do vitorioso sobre o mundo, mas, e principalmente, a estrada e luz para que o homem saísse do vale estanque das paixões, por ela transitando no rumo do planalto da perene felicidade. Não te esqueças disso e permanece entregue a Deus.

4
REENCARNAÇÃO E JUSTIÇA

Estudo: cap. IV – item 25.

P rova inequívoca do Amor Divino é a ensancha da reencarnação aos Espíritos calcetas, que somos todos nós. Graças ao seu mecanismo multifário e sublime, ampliam-se os liames da afetividade entre as criaturas e sublimam-se os vínculos do interesse imediato, engendrando as malhas da fraternidade que um dia tornará todos os homens legítimos irmãos uns dos outros.

Faculta o prosseguimento dos ideais que a morte não interrompe, ensejando que os reais lidadores das obras de engrandecimento humano possam retornar às trilhas da realização, dando curso ao labor que fecundam com o sacrifício da vida e benefício de todos.

Suas diretrizes transformam a leviandade em dever e removem o ódio que a insensatez gerou, produzindo o clima da aflição renovadora e eficaz.

Propicia a reeducação do infrator através dos incessantes e complexos recursos do sofrimento que repara, e da meditação silenciosa nos cárceres abençoados da carne, mediante os quais aprende dignificação e sabedoria.

Favorece a aquisição de experiências que se acumulam formosas, ampliando o campo de ação de cada um com vistas à Humanidade inteira...

❖

Por mais longa uma existência física, mui breves são os seus dias para a conquista da felicidade e para a aquisição dos valores imperecíveis.

Em razão disso, numa etapa, o Espírito em ascensão, realmente disposto à perfeição, que envida esforços e se doa com segurança ao mister, conquista títulos de natureza intelectiva, noutra realiza procedimentos morais até que se possa librar acima das paixões com as asas do amor e da inteligência, com que atingirá a plenitude que nos está destinada.

Aproveitar a ocasião, mediante a utilização de todas as forças na edificação do bem íntimo, objetivando o bem geral, é dever impostergável, que nos não cabe descuidar.

❖

A água filtrada torna-se fator imprescindível de saúde para a vida humana.

A semente, arrebentando-se na cova sombria, produz a planta.

A lagarta rastejante, decompondo-se e refazendo-se, plaina transformada em borboleta esvoaçante.

O pantanal, drenado e revolvido, enseja o surgimento do jardim e do pomar.

Assim, a dor, trabalhando o Espírito em nome da justiça, na faina das reencarnações sucessivas, faculta que surjam o brilho e os valores que jazem ocultos, em gérmen, produzindo beleza e luz.

Disse Jesus: "Necessário nascer de novo", a fim de que a Excelsa Misericórdia de Nosso Pai nos promova, pela senda de espinhos que nós próprios semeamos, à montanha da libertação e da alegria geral em nome da justiça do Seu Amor.

5
AFLIÇÃO E CONSOLAÇÃO

Estudo: cap. V – item 3.

Bem-aventurados os que choram (aflitos), pois que serão consolados – disse Jesus.

Nem todo aflito ou todo aquele que chora será consolado.

As aflições são processos depurativos que chegam ao homem, concitando-o à meditação em torno da problemática da existência, que não pode ser conduzida levianamente.

Tua aflição mede o teu estado espiritual e representa o patrimônio de que dispões para recuperares a paz.

Dores de hoje, dívidas de ontem.

Aquele que ora se aflige, recupera-se das aflições que a outrem impôs, por isso "só na vida futura", se hoje bem se conduzir, será consolado.

Há, todavia, aflitos que se fazem afligentes, explodindo, em rebeldia, contra os fatores causais das suas necessidades evolutivas, não raro assumindo uma falsa posição de vítima e engalfinhando-se nas disputas do desequilíbrio pelo trânsito através do corredor da loucura por onde derrapam.

Há aflições que se fazem fardo de pesado ônus para aquele que da vida somente considera as vantagens utópicas, isto é, as transitórias alegrias decorrentes da ilusão.

Muitas aflições têm a medida que se lhes atribui, aumentando-as ou valorizando-as, em face de uma atitude falsa ou decorrente da exigência de um mérito que em verdade não se possui...

Os aflitos, a que se refere o Mestre, são aqueles que da tribulação retiram o bom proveito; aqueles que encontram na dor um desafio para superarem-se a si mesmos; os que se abrasam na fé ardente e sobrepõem-se às conjunturas dolorosas; todos os que convertem as dificuldades e provações em experiências de sabedoria; os que sob o excruciar dos testemunhos demonstram a sua fé e perseverança nos ideais esposados, porfiando fiéis aos compromissos abraçados...

Os aflitos humildes e que se convertem em lições vivas de otimismo e de esperança – eis os que serão bem-aventurados, porque após as dívidas resgatadas, os labores realizados, os testemunhos confirmados, "serão consolados" pela bênção da consciência tranquila, no País da redenção total.

Tua aflição é o caminho da tua vitória sobre ti mesmo.

Ela te dará a medida da tua fraqueza e a grandeza do Amor e da Sabedoria do Pai Criador.

Utiliza-te da sua metodologia para o mais breve triunfo que te cumpre alcançar.

Aquele que se arrepende de um mal, está aflito; que se encoleriza, sofre aflição; que persegue, padece agonia; que inveja, estremunha-se e chora; que odeia, galvaniza-se sob o açodar da fúria e combure-se nos *altos-fornos* do desequilíbrio que gera. Estes não serão, por enquanto, consolados.

Somente quando a consciência da dor os faça amar, submetendo-os à Divina Vontade, encontrarão na aflição a felicidade porque anelam.

A aflição está na Terra, por ser este um planeta de provas e dores, onde a felicidade ainda não se instalou, nem poderia fazê-lo por enquanto...

Concentra, desse modo, as tuas aflições no Afligido sem dívidas e entrega-te a Ele, seguindo-Lhe o exemplo, e, enquanto te encontres aflito, procura diminuir a aflição do teu próximo. Assim fazendo, serás consolado, porque, conforme asseverou Allan Kardec, *as vicissitudes da vida derivam de uma causa e, pois que Deus é justo, justa há de ser essa causa.* Sofrendo-as com resignação, supera-las-ás, encontrando a paz.

6
CONFLITOS ÍNTIMOS

Estudo: cap. V – item 5.

Constrangido a atuar mediante aparelhagem nervosa deficiente, o Espírito que defraudou as leis do equilíbrio universal ressurge, na Terra, sob a injunção de conflitos inquietantes.

Nos limites de uma organização somática que não responde às necessidades que se lhe fazem imprescindíveis, aturde-se, deblatera, afligindo-se e afligindo sob inquietações crescentes.

Anelando por evadir-se à responsabilidade dos erros e detido pelas algemas carnais que o constringem à reparação, rebela-se, avinagrando as próprias e as horas do seu próximo.

O homem que padece de conflitos íntimos continuados é alguém alcançado pela imutável Lei da Justiça Divina.

Toda utilização indébita dos valores nobres da vida se transforma, posteriormente, em carência constrangedora.

O órgão desrespeitado manifesta-se como deficiência na maquinaria somática.

A mente, aplicada com incorreção, volve a funcionar sob inquietante manifestação, entre tumultos e destrambelhos...

❖

Estão aqui e ali, perto e longe de nós, os que desrespeitaram a Misericórdia de Deus, emparedados na idiotia ou enjaulados noutras alienações.

Multiplicados, todavia, na grande mole humana, encontram-se os portadores de conflitos íntimos, em regime carcerário benigno...

Reagem com violência, quando deveriam indagar com equilíbrio.

Afrontam com destemor, quando lhes seria lícito enfrentar com amor.

Inquirem com desequilíbrio, quando necessitariam aprender com silêncio.

Refletem na *fácies* as marcas dos transtornos interiores.

Irritadiços, tombam com facilidade nos despenhadeiros profundos da animosidade gratuita.

Fazem-se prepotentes e quase sempre se tornam impiedosos.

O orgulho lhes é característica predominante.

Ferem antes de atingidos, justificando-se atitudes cautelosas.

Impõem-se em domínio arbitrário, temendo a voz de comando serena que os poderia harmonizar.

Fogem à responsabilidade em mecanismos complexos de defesa, tentando ocultar a incapacidade.

❖

Não os ames menos porque se te apresentam violentos ou ingratos.

São Espíritos profundamente marcados por enfermidades do sentimento.

Se, no entanto, te encontras arrolado entre aqueles que se tumultuam nos conflitos íntimos, aproveita a abençoada oportunidade da reencarnação para retificar pendores negativos e aprimorar atitudes de paciência.

De forma alguma te deixes arrastar pela violência, pela agressividade, pelo desinteresse deles.

Podendo, mantém a compaixão e o amor, a ternura e a misericórdia para com eles, mesmo que se te constituam pesado ônus ante as incessantes aberrações com que te macerem o Espírito.

Quase todos nós, transitando na carne ou habitando os círculos espirituais de suas proximidades, carregamos conflitos íntimos de vário porte. Isto porque procedemos das sombras do erro em que nos comprazíamos, rumando para a madrugada de paz que nos comove e incita ao avanço.

Judas traiu Jesus porque cultivou os conflitos íntimos;

Pedro negou o Amigo, vencido pelos conflitos íntimos;

Nicodemos procurou-O, porque desejava esclarecer os conflitos íntimos;

Maria, a obsessa de Magdala, seguiu-Lhe as pegadas, a fim de liberar-se dos conflitos íntimos.

Liberta-te, também, da pesada canga dos teus conflitos íntimos, pensando em Jesus, trabalhando com Jesus, amando com Jesus aqueles que te desamam e que estão ao teu lado, renteando contigo para a construção do bem, não obstante induções obsessivas ou conflitos íntimos mais perniciosos do que os teus.

7
LEI DE CAUSA E EFEITO

Estudo: cap. V – item 6.

O acontecimento infausto surpreendeu-te, acarretando uma torrente de lágrimas volumosas e tiveste desarticulada a vida, que seguia em clima de festa.

A tragédia assomou à porta do teu lar, arrebatando o ser querido que deixou vazio o lugar doméstico, produzindo desespero e estupor, de que ainda não te conseguiste libertar.

A enfermidade sorrateira penetrou o organismo, dilacerando células e órgãos, ao mesmo tempo deperecendo as tuas forças e convocando-te a receios crescentes para os quais te dizes despreparado.

A avalanche de dores que te dominou o Espírito ainda permanece avassalando sentimentos e emoções, e somente a penates, com ulcerações íntimas, consegues prosseguir...

As esperanças, acalentadas por anos a fio, se converteram em frustrações amargantes, enquanto a mente, desatrelada dos controles, interroga com revolta ou grita com desesperação: Por que?

São tantas as inquirições que fervilham no pensamento turbilhonado, quando sob acúleos e aflições, que mais facilmente as respostas negativistas, recheadas de pessimismo, se fazem presentes em expressões de infortúnio maior e de alucinação irresponsável...

Não encontrarás, na filosofia da vida única, a resposta para a problemática dos sofrimentos humanos.

Necessário recuar às causas transatas, a fim de compreenderes os efeitos de sombra e dor que assomam pelo caminho das almas.

O homem de hoje são as suas experiências pretéritas.

Todas as dores morais e físicas são precedidas de razões anteriores, cujas raízes podem estar em compromissos espirituais negativos desta ou das vidas anteriores.

Ninguém sofre sem própria razão causal ou, do contrário, a Justiça e Sabedoria da excelsa Misericórdia de Deus não passariam de utopia, quando tudo em a Natureza nos fala e demonstra a grandeza do Criador...

Indispensável mergulhares a mente e o sentimento na oração, quando surpreendido pelas chamadas tragédias do quotidiano.

Enquanto o ser não se libera dos gravames a que se vincula por impositivo do resgate intransferível, não lhe desaparecem as consequências aflitivas.

Por isso, à Doutrina Espírita cabe a luminosa tarefa de aprofundar sondas de investigação na panorâmica das vidas, a fim de explicar as razões dos sofrimentos e, ao mesmo tempo, ensejar a reabilitação dos comprometidos, mediante o contributo do amor, através das mãos sublimes da caridade.

Em todos acontecimentos humanos atuais vigem os fatores agravantes e atenuantes, com que o Espírito ascende nos rumos da felicidade.

Não te rebeles hoje em face das angústias morais ou diante das enfermidades deformantes que galvanizam corpos e almas.

Espera com afinco a Misericórdia de Deus e porfia no bem, mesmo que estes sejam momentos de gravidade na tua existência.

O que agora não recebas, fruirás depois.

O que ora te falta, chegará mais tarde.

Não deblateres, não te apresses, não fujas à responsabilidade.

Amanhece para tua vida um dia de bênçãos, agora, quando sofres.

Semeia a esperança e persevera no amor. Este fortalecerá tua vida, auxiliando-te a sair das trevas momentâneas dos padecimentos, em jornada de paz e êxito no rumo do mais tarde ditoso.

Todo efeito em angústia é defluente de débitos que te compete superar e corrigir.

Engendra causas felizes hoje e desfrutarás dos resultados benignos e amenos porvindouros.

8
DORES E RESIGNAÇÃO

Estudo: cap. V – item 8.

D iante do alienado mental, que transita em aflição, não exclames. Resgata o passado infeliz, no qual se comprometeu lamentavelmente.

Em face do agressor impenitente, que padece de exulcerações morais, não apontes as marcas da sua desdita, como se estivesses isento de desequilíbrios.

Acompanhando a jornada dos infelizes que comerciam com a ingenuidade de moçoilas e rapazes inexperientes, não te permitas a irritabilidade nem clames por justiça...

Fitando a implantação das complexas máquinas da sexualidade tresvariada, não te permitas, na tua fé espírita, uma atitude de revolta ou uma imperiosa necessidade do combate, vitimado pela agressividade...

O mal é sempre pior para quem o pratica.

Ninguém, na Terra, que se encontre em regime de exceção.

A dor é sempre a grande e anônima benfeitora que, em nome da vida, aprimora caracteres, modifica aspirações e logra o milagre de conduzir o Espírito para as sublimes cumeadas da sua destinação gloriosa.

Conheces Jesus, e com Ele aprendeste que é imperioso trabalhar e trabalhar sempre, a fim de lograres o fanal redentor.

Em face dos múltiplos fatores que engendram sofrimento entre as criaturas, sê tu aquele que ama, que desculpa, que esclarece e serve.

Quando, todavia, a dor te alcance, no seu ministério sagrado de construir o homem novo dentro de ti mesmo, recorre à paciência, à oração e à vigilância.

Motivos de resignação e calma possuis para enfrentar a problemática dos sofrimentos.

Estás fadado à luz imarcescível, no entanto, procedes de experiências graves, que ainda te atam aos grilhões fortes dos erros transatos.

Sabendo que a vida é uma experiência que te cumpre superar e sublimar, avança, intimorato, certo da tua vitória final.

Não desanimes em razão dos sofrimentos.

Se a borboleta receasse rastejar no solo, na condição de lagarta, jamais lograria planar, leve, no ar.

Quando te pareça em trevas a noite, não te olvides das estrelas fulgurantes além das nuvens carregadas.

Hoje resgatas, *amanhã* estarás em liberdade...

Em qualquer posição, porém, em que te encontres, louva e bendize sempre a vida.

O companheiro equivocado viverá, seguirá adiante.

A vida, de todos nós se encarrega.

Experimentando o aguilhão da aflição como necessidade imperiosa de crescer e adquirir experiências, aproveita-te da ensancha e não te detenhas, sejam quais forem as circunstâncias.

Resigna-te e cultiva o otimismo.

Logo mais soará hora nova para ti, como para o teu próximo.

Quem O visse de braços abertos nas duas traves toscas da Cruz suporia que se tratava de um vencido, ante o domínio arbitrário e nefasto dos transitórios governantes da ilusão.

Resignado e confiante, no entanto, era o Rei Solar, ensinando-nos coragem e amor, com que, nos amando inteiramente, alcançaremos a paz e a felicidade que a todos nos estão destinadas.

Penetra-te, portanto, de resignação e confiança, e não temas nunca.

Logo mais raiará a tua madrugada de bênçãos.

9

INSTAR NO BEM

Estudo: cap. V – item 9.

Tens um compromisso com a vida e nada deverá deter-te. Assumiste a responsabilidade de prosseguir a qualquer preço, e não é justo que o desânimo ou o fastio na tarefa modifique as estruturas da tua elevada opção.

❖

Se o companheiro, por esta ou aquela razão que não te cumpre analisar, deserta, serve e insta mais no mister.

Se o cansaço te assinala a jornada e o corpo deperece, serve e labora mais, enquanto te luz a oportunidade.

Se a ingratidão te chega em forma de espinhos que se te cravam nas carnes da alma, serve e ama muito mais.

Se ocorrências imprevisíveis te perturbam a visão das coisas, dando-te um painel sombrio, serve e confia mais.

Se o desinteresse de uns e a insensatez de outros tentam descoroçoar-te nos propósitos superiores, serve e ajuda mais.

Se a louçania transitória dos afeiçoados se converte em máscara de amargura, esbordoando-te os poucos momentos de alegria, serve e rejubila-te no trabalho que desenvolves.

Se a enfermidade te visita com o cortejo de pessimismo e apreensão, serve ao bem, trabalha mais, insiste na ação nobre.

❖

Teus exemplos – tua vida.

Tuas palavras são convites, mas tuas ações são o retrato vivo dos teus propósitos.

Teus compromissos não implicam na presença de um grupo contigo, mas impõem-te a presença com o Cristo ao lado de todos.

Não agasalhes qualquer forma de desalento, de amargor, de ressentimento.

Cada alma ruma na direção da própria meta.

Insiste em ajudar, mas não condiciones que te ajudem.

Insta pela realização e vivência da verdade. Dá, porém, tempo ao tempo, e não te agastes com os retardatários.

Se não concluíres a obra, no corpo físico, faze de forma que, haja o que houver, as flores do bem e da esperança que hoje semeies no mundo desabrochem, não entre os homens, mas no solo do teu próprio coração, mais tarde, após a áspera e necessária travessia pelos imensos e abençoados caminhos da redenção humana.

Esta é a lição que vibra e comove os tempos desde o momento em que Jesus, abandonando as excelências do Reino, mergulhou na psicosfera terrena para ensinar e viver o amor, sem exigências, sem pressa, aguardando o momento próprio para a glorificação dos Seus tutelados.

10
APRENDIZAGEM PELA DOR

Estudo: cap. V – item 18.

Referes-te à dor como se ela se te constituísse punição imerecida, injustificável interferência nas atividades da tua existência.

Armas-te de revolta e investes contra o sofrimento, tombando em crises de desequilíbrios e alucinações em decorrência de enfoques defeituosos e do atavismo utilitarista que te assinalam a vida.

A dor, no entanto, resulta de uma necessidade imperiosa da evolução.

Sem ela, dificilmente conseguirias bendizer a felicidade, da mesma forma que, sem o concurso da sombra, não te darias conta da elevada mensagem da luz. Não conhecendo a enfermidade, sentir-te-ias sem condição de valorizar a saúde.

A dor pode ser considerada como um fórceps, de que se utiliza a vida para arrancar belezas nas almas calcetas, que jazem prisioneiras das couraças do primitivismo ancestral. Quando, no entanto, o ser é dúlcido e acessível, a dor nele funciona como um arco delicado que tange, no violino dos sentimentos, leves acordes de uma balada sublime de amor.

Com o seu concurso, nascem os heróis e se forjam os santos; faz-se companheira dos caracteres nobres e é a irmã da reflexão, cujo concurso invoca ao instalar-se no imo da criatura humana.

Até aqui, a dor tem sido considerada apenas sob o ponto de vista negativo, transformando-se numa *espada de Dâmocles* sempre ameaçadora, prestes a tombar fatalmente sobre os que lhe sofrerão, inermes, a conjuntura destrutiva...

Examinem-se as vidas dos artistas do pensamento e das artes, consultem-se as existências superiores dos mártires e dos apóstolos de todos os tempos e de todos os fastos históricos, e logo se encontrará o buril da dor trabalhando-os e embelezando-os, a fim de que a sensibilidade deles, apurada, pudesse erguer-se às regiões onde predominam a beleza e a inspiração, de lá transferindo-as para os olhos, os ouvidos e as mentes do mundo sensorial, transformando-se em estímulos à ascensão e à liberdade.

Interroguem-se as mães e os lidadores das ciências como lograram atingir as cumeadas do ministério, e se descobrirá a dor na condição de alavanca impelindo-os para a frente.

O diamante, arrancado do seio generoso da terra, somente resplandecerá após a lapidação.

Não te consideres em desdita porque a dor-provação te alcança, concitando-te à regularização dos débitos pretéritos que trazes contigo.

Não te perturbes em face da dor-enobrecimento que te conclama à meditação, de modo a amadureceres os valores espirituais e adquirires sabedoria.

Não te desesperes ante a dor-surpresa, injustamente denominada tragédia ou infortúnio, dela retirando os recursos da edificação íntima. Compreenderás, desse modo, que a vida física é experiência rápida, e que a aparente vitalidade orgânica, a segurança e as conquistas que se disputam, na Terra, são sempre bens muito transitórios, desaparecendo de um momento para outro. Assim, preparar-te-ás para considerar a existência como um rápido capítulo do livro da Vida imperecível...

Jesus, que não possuía débitos, ensinou-nos a técnica de superação da dor, entregando-se, em caráter de total tranquilidade, às determinações divinas, mediante o sofrimento por amor, já que a dor faz parte do programa de ascensão, na Terra, irmã e benfeitora que deverás receber como dádiva superior para a felicidade que lograrás agora ou mais tarde.

11
RESPONSABILIDADE
E FUGA

Estudo: cap. V – item 19.

Desaires, amarguras, frustrações, ansiedades... O insucesso, asseveras, parece a presença marcante nos tentames da tua existência. Com nome diferente, surge sempre em teu caminho, concitando-te ao estremunhamento, à desesperação.

Movimentas-te, por isso, da depressão à revolta sem o estágio no equilíbrio, raramente atendido pelo vigor da esperança, que fácil se esfuma nas paisagens dos teus interesses.

Planos que vitalizas não se concretizam; ideais que acalentas sofrem bombardeios da impiedade alheia e se diluem; programas de felicidade que não se cumprem, e tombas nos desvãos do desespero.

Anotas fadiga e dificuldade, desconforto e amolentamento íntimo, como se estivesses relegado aos maus fados.

Sucumbes, lentamente, sob o impositivo dos pensamentos deprimentes, enquanto a fuga se te afigura solução.

Fugir ao culto do dever, entregando-te ao abandono da dignidade.

Fugir ao exercício do bem, na vã tentativa de anestesiar a consciência.

Fugir do trabalho edificante, como forma de desprezo à sociedade e de desconsideração às leis.

Fugir à responsabilidade, dando corpo aos sentimentos inferiores predominantes em a natureza animal.

Fugir à vida para um mergulho no aconchego da morte, em espetacular deserção da luta...

Não te enganes mediante o acalentar das soluções falsas, que nada resolvem e, pelo contrário, complicam.

Os compromissos adiados reaparecem com mais difícil complexidade.

Os problemas transferidos complicam-se com o suceder do tempo.

As dívidas atrasadas exigem ressarcimento sob juros pesados...

Problemas e dificuldades não devem ser encarados como infelicidade, antes devem ser examinados na condição de mecanismos para a aquisição de experiências valiosas, sem as quais ninguém consegue integridade nem ascensão.

Luta é clima de conquista pessoal, de que ninguém se consegue isentar.

Quem, na Terra, que se encontre em regime de exceção, apenas fruindo paz? Todos passam por etapas naturais de trabalho e esforço que fomentam o progresso e desenvolvem aptidões.

Rebelar-se não constitui método exequível de furtar-se à injunção propiciatória à felicidade posterior.

Não te permitas desvairar, acalentando ideias dissolventes, arbitrárias.

É impossível fugir-se ao dever, à responsabilidade e à vida, que sempre surpreendem os transgressores das suas leis, mais adiante com maior sobrecarga de aflições.

❖

Cultiva, porém, a humildade e exercita a parcimônia.

Quando aprendemos a confiar em Deus e nos entregamos às Suas *mãos*, as coisas mudam de aspecto, a vida passa a ter significação mais profunda e importante.

Não te afadigues pela coleta das inutilidades fulgurantes, que agradam os sentidos, ou dos prazeres exaurientes...

Em situação alguma te consideres à margem do Amor de Deus, sob o açodar de dores mais fortes do que as tuas possibilidades de resistência.

No momento em que te vejas impelido à fuga de qualquer espécie, debanda, sim, das lamentáveis construções mentais e refugia-te no recanto da meditação, ungindo-te do miraculoso poder da oração, em que haurirás coragem e alegria para prosseguires nos compromissos redentores de que necessitas para a tua inadiável redenção.

12
NA AÇÃO DO BEM

Estudo: cap. V – item 20.

Quando produzas o bem, somente porque tudo transcorre agradavelmente, retribuis à vida pequeno quinhão do muito que fruis.

Quando realizes o bem, acicatado por necessidades que gostarias de ter atendidas, doas o que, em verdade, anelas.

Quando executes o bem, açulado por dores íntimas, entre expectativas e carências, esquecido de ti mesmo e induzido a avançar pela trilha do dever, em silêncio e solidão interior, já encontraste o verdadeiro ideal de servir.

O esforço constitui inevitável contributo para a execução de qualquer tarefa. Em razão disso, o investimento pessoal de tenacidade aplicada no desiderato superior é imperativo que não pode ser relegado a plano secundário.

Abraçando tarefas de enobrecimento, não te detenhas ante as dores excruciantes ou aos espículos do martírio, mantendo-te em posição digna.

Quem relaciona obstáculos desperdiça precioso tempo, adiando a oportunidade da realização operante.

Se te sentes em desterro entre as criaturas, observando os seus júbilos, sem que fruas alegrias, não te marginalizes por inveja, despeito ou mágoa. Aguarda a tua vez. Quiçá experimentaste o sabor do prazer e o azinhavraste com a presença do cáustico da indiferença ou do desprezo.

Se te encontras adulado pela ternura da afeição que te alcança, quando já não te parecia possível gozar felicidade, não exorbites, demorando-te nos braços da alegria, enquanto muitos sedentos de amor e fraternidade te espiam, em agonia, à distância. Teu comportamento junto à fonte das emoções fará que ela permaneça cristalina e rica para sempre, ou se tolde e envenene para o futuro.

Se os anseios do coração referto de carinho se encontram atendidos e te amolentas numa acomodação passiva e perigosa, sai da atitude de tédio e ausculta os que transitam em solidão. Descobrirás quanto eles gostariam de receber, em parcela mínima que fosse, o que desdenhas por ser abundante.

Não te inquietes em razão dos impositivos da reencarnação, a teu turno não inquietes a ninguém.

Estando a aguardar a felicidade, faze feliz ao teu irmão, conforme seja possível.

Havendo encontrado a harmonia do amor verdadeiro e amigo, vai adiante e doa-o, repartindo com os carenciados o júbilo de que te repletas.

Cansado das delícias que agora não mais se fazem novidade, valoriza-as, precata-te, contribuindo para a alegria geral e agradece a Deus o excesso de que desfrutas.

Abundância de hoje, escassez de amanhã.

Carência de agora, possibilidade para depois.

São imutáveis as Leis Divinas, no entanto, podendo compreendê-las, lograrás viver em clima de felicidade duradoura, porquanto saberás que, senhor do próprio destino, as tuas atitudes, positivas ou negativas, entretecerão as circunstâncias e fatores propiciatórios do teu futuro.

Se reflexionares em profundidade, compreenderás por que Jesus, o Incomparável Benfeitor, estando entre nós em missão de amor, tudo suportou sem queixumes nem reclamações, referindo-se sempre ao porvir eterno, por ser o hoje transitório muito breve.

13
EVOCAÇÃO
DOS MORTOS

Estudo: cap. V – item 21.

Os teus mortos liberaram-se do corpo, mas não se evadiram da Vida.

Aniquilou-se a matéria de que se utilizavam para a jornada redentora, durante a vilegiatura carnal, não, porém, havendo-se acabado o ministério evolutivo.

A desconectação das moléculas orgânicas de forma alguma destruiu neles a realidade eterna.

Espíritos imortais, transitaram da vestimenta física para a realidade causal donde vieram.

A morte os separou das imposições sensoriais, jamais os afastando das vinculações afetivas ou dos compromissos morais.

❖

Não te ates pelo pensamento em desalinho aos que partiram da Terra, nem te vincules, em descontrole, às reminiscências infelizes que te assinalaram a convivência com eles.

Já cumpriram as determinações a que se encontravam submetidos, necessitando, agora, de tempo para a revisão de conceitos e de atitudes, a fim de prosseguirem, vida afora, nos rumos da Eternidade.

Se foram bons e amigos, afetuosos e nobres, concede--lhes a dita de seguirem adiante, sem o teu egoísmo, desejando escravizá-los a ti.

Se deixaram um legado de penas entre dores e lembranças perniciosas, já padecem, na consciência em despertamento inelutável, a consequência da leviandade e da teimosia que se permitiram.

Não sejas, porém, quem os atormente mais.

Considerando a irrefragável transcendência da morte, que é cirurgiã da vida, cultua a memória dos teus queridos desencarnados mediante ações de que eles se alegrem, de que possam participar inspirando-te, protegendo-te ou aprendendo contigo, agora, o que não souberam ou não quiseram aproveitar antes...

A vida, em qualquer expressão em que se nos apresente – através do corpo ou fora dele –, é bênção de Deus, com inestimável significação para o processo iluminativo da consciência.

Não digas ou interrogues, ante os que desencarnaram: "Deixaram-me! E agora? Que será de mim?"

Estes conceitos, profundamente egoístas, atestam desamor, antes que devotamento.

Nem te entregues ao desejo de partir, também, sob a falsa alegação de que não podes continuar sem eles.

Esta atitude fá-los-á sofrer.

Põe-te no lugar deles.

Como te sentirias do *lado de cá*, acompanhando o ser amado que se resolvesse complicar a própria situação, justificando seres tu o responsável?

Imagina-te impossibilitado por Leis Soberanas de socorrer ao amor da retaguarda que, em desalinho caprichoso, chamasse e imprecasse por ti, e verificarás quanto te seria doloroso.

Assim, também, eles sofrem em razão da atitude contundente, quanto se alegram em face da resignação, da saudade dúlcida e das preces gentis que os afetos lhes devotam.

Morrer nem é mergulhar no caos do nada, como tampouco é desferir voo para os altiplanos da felicidade ou os vulcões do horror... Simplesmente representa mudar de lugar vibratório; intrinsecamente cada um prosseguindo conforme era, com as conquistas e os débitos transferidos de lugar, porém presentes na consciência individual.

Envolve, assim, os entes queridos que desencarnaram, nas vibrações de carinho e de esperança, não os convocando, antes do tempo, a injustificável intercâmbio mediúnico, com que os constrangerias, impondo-lhes desnecessários padecimentos...

Não penses em evocá-los, curioso ou atormentado.

Reencontrá-los-ás, logo mais, quando também fores convocado ao retorno.

Tem paciência, hoje, e organiza-te, a fim de os reabraçar ditoso, mais tarde, em condição de os ajudar, caso não estejam bem, ou receber-lhes a ajuda, se te encontrares em situação menos feliz.

Por enquanto, confia na vida, e de tua parte entrega--os a Deus, o Excelso Pai de todos nós, que a ninguém deixa sem o Seu sublime auxílio.

Vivem os que morreram, prosseguindo na jornada adiante!

14
ATITUDE CORRETA

Estudo: cap. V – item 24.

A posição do observador e a forma de encarar um acontecimento são muito significativas no exame e avaliação dele.

Os contornos de alguma coisa, observados em parca claridade e vistos à luz, mudam significativamente a ideia que dela se pode fazer.

Assim, também, quando de referência às dores morais.

Recebidas como lições retificadoras e exercícios de aprimoramento, assumem uma expressão; não aceitas, em atitude reacionária por considerá-las arbitrárias, injustas ou improcedentes, convertem-se em verdadeiros desastres cujas consequências são imprevisíveis.

Necessário, portanto, assumir-se diante da vida e das vicissitudes uma atitude sempre equilibrada, mediante a qual se pode bem aquilatar os valores e proceder com correção em qualquer circunstância.

As tragédias, os infortúnios, as desgraças humanas somente podem ser como tais consideradas quando o homem se degrada, se compromete negativamente em relação ao seu próximo, a si mesmo ou à vida...

Costuma-se dizer, como decorrência de uma atitude invigilante e de uma educação sociomoral deficiente, diante daqueles acontecimentos: "Mas isto foi o pior que lhe poderia acontecer", quando se deparam com dores, desencarnação...

...E há muita coisa pior, que simplesmente não aconteceu.

Mais infeliz é sempre quem promove dores, embora se convencione achar ser quem as padece.

Mais desventurado é aquele que fomenta a miséria de qualquer porte, não obstante se considere assim aquele que a sofre.

Ocorre que a medida de avaliação e a posição do observador estão erradas.

❖

Não te coloques nunca em posição lamentosa, nem jamais te entregues aos sofrimentos, como quem luta contra as forças desconexas e violentas do caos.

Assume uma digna atitude, porquanto se pode sê-lo sempre em qualquer situação, e superarás a transitória injunção dolorosa.

Fazer comparações entre o que te sucede e aos outros ocorre, é método errôneo de buscar consolo.

O que atinge alguém sempre produz uma reação equivalente ao estado e grau evolutivo dele mesmo, nunca semelhante ao teu.

Por isso, surpreenderás pessoas esmagadas por um *grão de areia*, enquanto outras carregam *um monte* sem queixas ou recriminações.

Cada ser são as suas próprias experiências e aquisições espirituais.

❖

Encara as ocorrências que te induzem ao sofrimento como oportunidades de redenção, e serás menos amargo.

Analisa os teus insucessos como exercício de progresso que lograrás, e ficarás mais animado.

Não te amarfanhes com a autopiedade nem te submetas à compaixão alheia.

Uma resolução estoica é sempre a solução correta.

Se te julgas merecedor somente de sucessos, estás equivocado, tropeçando e caindo, sem cessar, no atrito com as lições edificantes da tua atual reencarnação.

Aguardar entendimento e êxito constantes é como pretender o impossível.

Tombar, quando chamado à ascensão pelo método-sofrimento, não se justifica.

Mereces lapidação e dela necessitas em caráter de urgência.

Ninguém está em abandono total, mesmo quando aparentemente em desvalimento ou a sós.

O partido de Jesus sempre foi minoria.

Por que desejas passar desfrutando de privilégios?

As criaturas são a ti semelhantes: nem melhores nem piores.

Aceitá-las no estágio em que se encontram é aceitar-se a si mesmo, esforçando-se por melhorar-se.

Quando Jesus atingiu o clímax das dores, viu-se em abandono por parte dos amigos, açulado por profundas agonias e irreversíveis padecimentos, mas, na Sua solidão, Deus estava com Ele e, desde então, tornou-se, por isso mesmo, o símbolo perfeito do triunfador real sobre as vicissitudes terrenas.

15
PARADOXOS

Estudo: cap. VI – item 6.

Referes-te às conquistas da tecnologia e não te furtas ao exame das injunções sociais lamentáveis, nas quais se debate o Espírito humano.

Comparas as relevantes aquisições da mente com as terríveis expressões da beligerância dos homens e das nações, nas intermináveis lutas de destruição fratricida.

Anotas os lances expressivos da sociedade que se diverte, enquanto gemem na dor e pungem na amargura as comunidades açodadas pela miséria e pela ruína.

Fere-te a desfaçatez dos cínicos e tumultuados, que desfilam nos palanquins do luxo, com os valores conseguidos à custa dos negócios infames a que se arrojam os jovens irresponsáveis e indefesos.

Aturdes-te diante do espetáculo das mentes devoradas por alucinações de vário porte, servindo de modelo a adolescentes deslumbrados pelo gozo e atraídos pelo prazer de qualquer preço.

Falas sobre os paradoxos, os contrastes, os opostos e tens a impressão de que o bem não se implantará tão cedo nos corações terrestres.

Concluis que é mais fácil a debandada do que o servir, a queda do que o soerguimento.

Sem dúvida, são mais acessíveis os tropeços, e mais comuns os desaires...

❖

Não duvides, porém, da excelência da verdade nem da sua localização pronta nas paisagens do mundo do *amanhã*.

Um jato de luz absorve, de um só golpe, a treva reinante...

Uma fagulha ateia um fogaréu...

Uma semente reverdece o solo...

Um grito salva uma vida...

Um minuto de paz modifica uma existência de tormentos...

Um gesto de amor altera ruinosa agressividade...

Um grama de peso desajusta uma estrutura de equilíbrio.

Uma ranhura desengrena uma peça numa máquina equilibrada...

O poder do bem produz um contágio superior, que consome as infecções problemáticas das torpes injunções morais.

❖

Naturalmente que é mais fácil a conquista intelectual, da qual resultam os labores tecnológicos.

Quando, porém, a razão não lograr convencer o homem a uma mudança de atitude perante a vida, ou o amor já o não sensibilizar, paradoxalmente, a dor conseguirá detê-lo, chamá-lo à razão, despertar-lhe o amor, atraí-lo à paz.

❖

Faze, portanto, a tua parte, e faze-a bem, mesmo que te pareça insignificante ou desprestigiosa.

Dá a tua ajuda, mesmo que se restrinja à palavra gentil, ou ao pensamento nobre, ou à singela e santa oração intercessória por alguém resvalando ou já caído...

Não te atormentes ante o mal – persevera no bem.

Não te aflijas com a treva – acende a luz.

Não valorize a enfermidade – mantém a saúde.

Onde te encontres, por onde passes, com quem estejas, sê a lição viva anteparadoxal da vitória do Cristo sobre as sombras do momento, apontando os rumos da Eterna Luz.

16
EM VIGÍLIA CONSTANTE

Estudo: cap. VI – item 7.

Não se turbe a tua mente, nem se perturbe o teu coração ante as injunções e os conflitos do dia a dia.
Se te deixas arrastar pelas circunstâncias negativas, perfeitamente compatíveis ao estado atual de moralidade vigente entre os homens, fatalmente derraparás numa destas quedas lamentáveis:

na ira, que obscurece a razão, fazendo-te delinquir;

no ciúme, que te desvaira a mente e te entorpece os sentimentos;

na agressividade, que te transforma num bruto;

na maledicência, que facilmente te traveste como acusador infeliz;

na sensualidade, que te reconduz às faixas primárias da vida, donde vens buscando a liberdade;

na cobiça, que te impele ao desequilíbrio, fazendo-te enlouquecer a pouco e pouco;

na inveja, que é tóxico a destruir-te por dentro;

na competição negativa, que te exaure as forças por coisa de valor nenhum;

na indolência, que te torna um *vivo-morto*, marchando para a hibernação dos altos tesouros do Espírito;

no ódio, que é veneno mortal a dizimar mais do que o câncer, a tuberculose, as enfermidades cardiovasculares somadas, por ser, de certo modo, responsável pelo aparecimento ou virulência delas, quando já instaladas no organismo.

❖

Não te perturbes no exercício do bem, quando agredido.

Não te turbes, mentalmente, quando provocado desta ou daquela forma.

Porfia no culto da responsabilidade, do dever, e aguarda o amanhã que te libertará das paixões ainda existentes no teu mundo íntimo, e te fazem sintonizar com aqueles que te chegam de outras procedências.

Não te deixes, portanto, arrastar, nunca, à turbação mental ou à perturbação emocional.

Mantém-te em vigília constante.

17
NÃO DESISTAS

Estudo: cap. VI – item 8.

Imperioso quão inadiável o teu esforço pela renovação espiritual. Todavia, não te agastes nem te descoroçoes quando defrontado por dificuldades e desaires. Evolução é empreendimento de longo porte, que não se logra de improviso.

Imanado às imperfeições por atavismo ancestral, deambulas, senda acima, com sacrifício e esforço.

Se cais, recomeça a marcha. Ninguém tem o direito de acusar-te o aparente fracasso no tentame.

Todos crescemos lentamente, saindo da pequenez do *eu* escravocrata para a direção do próximo libertador.

Não arroles os momentos infelizes que te somam aflição. Faze exatamente o contrário, adicionando os pontos positivos que já lobrigaste pelo caminho das experiências vencidas.

Dificuldade é teste para avaliação de conquistas na escala dos valores humanos e sociais.

Mede-se o cristão por especial mensura: da cabeça para cima, de acordo com as suas conquistas morais, os seus ideais em pauta.

Naturalmente que os Espíritos decididos à luz estão, por enquanto, de início, decididos por conquistá-la. Com esforço e insistência, adicionando realizações, que logram a penates, jamais permanecem no ponto de partida, conseguindo estar melhores do que se encontravam, embora no fragor das lutas não se deem conta disso.

Assim, não te descoroçoes com as quedas, os conflitos, as oscilações lacerantes...

Não ressumes a todo instante os momentos infelizes que te desequilibraram. Mesmo que estejas sob o fragor da tempestade, recorda o claro céu que está acima das sombras, e, se tudo parece amesquinhar-te ou excruciar-te, atém-te a Jesus...

Estás convocado à redenção.

Se tombas, não te detenhas na queda.

Se te descoroças, avança mesmo alquebrado.

Quem empreende, ansioso por amplidão, numa escalada à difícil montanha altaneira, que parece inatingível, não poucas vezes sente-se impelido à desistência, ao defrontar-se com os óbices e problemas, padecendo as injunções da marcha... Todavia, se prossegue, ao atingir as cumeadas, ao fitar os infinitos e luminosos horizontes ao longe, tudo olvida, a fim de banquetear-se com a beleza, e tudo esquece para somente recordar a ventura de que se embriaga sua alma no momento feliz.

A tua dor é a montanha desafiadora que te facultará beleza e infinito... Paga o tributo da futura glória estelar, agora, quando estás na baixada, nas tentativas primeiras.

Descobrirás, logo mais, por que Jesus, sendo puro, aceitou a afronta, a zombaria e o sacrifício, para, do alto da Cruz, atrair todos nós.

Insiste, não teme, não desiste!

O *amanhã*, que hoje começa, é o teu momento de ventura. Supera o árduo instante e prossegue, embora chorando, sorrindo.

18
COM DISFARCE

Estudo: cap. VII – item 11.

Precata-te contra as urdiduras do orgulho, esse filho inditoso do egoísmo, que dizima tantas esperanças quanto o câncer.

Nem sempre se te desvelará em toda a sua purulência moral. Maquiavélico, insinua-se disfarçado de melindre e, nas suas susceptibilidades, infiltra-se na mente, aturdindo, dilacerando o coração, enquanto, e simultaneamente, verte ácido violento que expele vapores letais...

Arma as conjunturas soezes, arrimado a nonadas, que transforma em montes com aparência de intransponibilidade. Sua sombra pesada obscurece a visão dos fatos e acontecimentos, alterando os contornos e criando fantasmas que se fazem agressivos e são apenas ilusão.

Afasta as criaturas umas das outras e desarticula os mais bem programados trabalhos edificantes.

Está em todo lugar, porque gerado no imo do homem pelas suas imperfeições, encontra-se onde este se apresenta.

Vigia-lhe o surgimento e combate-o com decisão, sobretudo com humildade.

O orgulho se alimenta das diatribes que arremessa e se compraz nas mágoas que infunde.

Após estabelecidas as suas tenazes destruidoras, se concede momentânea liberdade às suas vítimas, é para torturá-las com o acanhamento, a inquietação, a injustificável distância e a dificuldade em separar ou refazer o caminho percorrido, em retorno necessário...

Logo, porém, irrompe, macerando sob outros impositivos constritores, conclamando à fuga, à debandada, a conflitos deprimentes, à insegurança...

Não o vitalizes com as falsas ideias de honradez que, não raro, são apenas caprichos mesquinhos.

Não te digas decepcionado com o teu próximo.

Não lhe apontes os erros.

Faze tu, de forma que não decepciones; nem te permitas erros.

Não afirmes: "– Agora é tarde!"

Não imponhas: "– Ficarei no meu posto, porquanto fui o ofendido!"

Vai ao irmão que delinquiu contra ti e pede-lhe desculpas.

Toma a oportunidade feliz da iniciativa nobre.

Quem dá o primeiro passo, chega antes ao termo do bem.

Quando Jesus foi esbofeteado pelo soldado, no Pretório, ante a multidão, não o condenou, não revidou, não se ofendeu... E era o Rei Solar! Recompôs-se e, tranquilamente, indagou do torpe agressor: "– Por que me bateste? Se falei mal, aponta o meu erro, mas se falei o certo, por que me bateste?"

Sob disfarce algum, não agasalhes o orgulho, nunca, pois que ele é o inimigo mais hábil prevenido contra o teu progresso espiritual.

19
SOFRIMENTO REPARADOR

Estudo: cap. VIII – item 21.

D elinquiste, sim, no passado, organizando, desde então, a programática redentora pela senda de aflição por onde hoje segues entre agonias e interrogações para as quais parece não encontrares resposta.

Se te explicam que provéns de experiências malogradas, asseveras não concordar com a elucidação, em face de considerares injusto um resgate referente a um compromisso de que não te recordas... No entanto, hoje, embora conhecedor das Leis de Equilíbrio que regem a Vida, atiras-te em desvario pelos ínvios sítios, assumindo não menos graves responsabilidades que atiras na direção do futuro...

Sofrimento é processo purificador contra o qual será inútil a reação pela revolta ou através do desespero. Tal atitude mais agrava o problema, qual ocorreria a alguém que, pensando ou desejando diminuir a intensidade na dor de uma ferida aberta em chaga viva, colocasse-lhe ácido ou espicaçasse com estilete as carnes em torpe decomposição e alta sensibilidade.

Alegas que, através do amor, pela metodologia doce da ternura, te seria fácil e melhor compreender a Divindade, crescer nos rumos do Infinito.

Contempla a Natureza e deslumbrar-te-ás com ela...

Sem embargo, aí está a ecologia, gritando contra os danos da poluição defluente da ganância dos sistemas imediatistas, sem conseguir sensibilizar os governos, ou os povos, ou as comunidades...

Tudo é amor, inclusive quando hoje se revele em termos desagradáveis, com vistas, porém, à dita mais tarde.

Parece repugnar-te ao entendimento, armado contra as medidas conciliatórias, pacificadoras, o conceito das Leis de Causa e Efeito, porque explicas que elas se diluem em incertezas, sem campo de demonstrações irrefutáveis...

Medita um pouco e convirás com a legitimidade do argumento espiritista.

Informas que todos sofrem e, desse modo, teriam sempre errado antes...

"Quando, de que forma, por que meio isto teria ocorrido?" – gostarias de saber.

Dor é processo de desgaste natural, ínsito na estrutura da vida.

A Fitopatologia nos demonstra que os vegetais enfermam contaminando-se uns aos outros, e morrem, obedecendo a um processo de transformações paulatinas, desde que a Terra é um sublime laboratório de experiências relevantes...

Demonstrações científicas nos comprovam a existência de "percepções" nos vegetais, vasta gama de sensibilidade.

Nos animais, quando essa sensibilidade já é mais apurada, graças ao sistema nervoso, o processo prossegue, obviamente sem que exista um fator causal dívida-resgate...

No homem, porém, a opção de cada um lhe enseja felicidade ou desdita. Essa situação se modifica mediante a posição mental e a ação moral que se assuma em relação à vida em si, e não compulsoriamente de indivíduo para indivíduo...

❖

Todas as dores, sim, que afetam o homem, têm suas causas matrizes na atitude anterior do ser, próxima ou remotamente.

Assim, não te rebeles, não deblateres, não desesperes... Espera mais, confia um pouco mais e produze no bem como ideal superior.

Perda de pessoas queridas, arrebatadas por tragédias ou infortúnios outros, ou circunstâncias inesperadas; enfermidades irreversíveis, dolorosas e lancinantes, que trazem o sinete agonia; deficiências e graves limitações congênitas no corpo ou na mente; soledade e azorragues morais; padecimentos íntimos sem consolo; necessidades econômicas sem solução; "azares da sorte" em carga de permanente acicate; problemas e incertezas constituem motivo redentor, se souberes e quiseres confiar e superá-los.

São cárceres, sem paredes nem grades, com que a Divina Justiça, que é equilíbrio, propicia o crescimento do ser calceta inveterado no rumo da liberdade e do júbilo.

Prossegue, portanto, em qualquer situação em que estagies, de ânimo robusto, resgatando hoje, porque ontem, sem dúvida, delinquiste.

20
INJÚRIAS E VIOLÊNCIAS

Estudo: cap. IX – itens 1 a 5.

Embora nascida nas fontes infelizes da inveja, sem qualquer apoio de verdade, a injúria, à semelhança de ácido cruel atirado à honra, logra produzir dores e amarguras.

Quando não consegue destruir quem lhe padece a invasão indébita, faz-se acompanhar da violência, armando-se de agressividade e atrevimento com que pensa vencer aqueles a quem persegue.

A injúria e a violência são as armas dos moralmente fracos.

Porque lhes escasseiam os altos valores que guindam ao progresso e que dão harmonia interior, mais facilmente se deixam temer, porque se consideram incapazes de ser amados, arremessando os seus dardos venenosos em todas as direções e entregando-se à batalha inglória de destruir, por falta de coragem, como de recurso moral para edificar.

Campeiam em falso triunfo, investindo contra os legítimos patrimônios, sem lograrem, porém, a meta, já que mais ressaltam o que mais combatem.

De suas agressões padecem todos os homens, particularmente os heróis, os lidadores da verdade, os construtores dos ideais de enobrecimento, os que lutam com alma e coração.

Pessoa alguma lhes escapa à insidiosa influência e ao seu mágico toque, que funciona como avaliação das qualidades reais.

Antídotos eficazes, a brandura e a pacificação.

A brandura é o algodão que silencia a injúria, amortecendo-lhe as flechadas e as fazendo morrer, enquanto a pacificação emudece a gritaria da estúrdia agressividade.

A brandura e a paz se munem de prece e paciência, assim logrando o cometimento da felicidade dos que as vivem.

Considerando a excelência da sua força, Jesus foi peremptório diante do mundo humano conturbado e primitivo, ao enunciar o convite às emoções libertadoras no sublime conceito:

"– Bem-aventurados os que são brandos e pacificadores, porque possuirão a Terra e serão chamados filhos de Deus."

21
DORES MORAIS

Estudo: cap. IX – item 7.

Os sofrimentos, genericamente, dilaceram o corpo; alguns, todavia, esfacelam a alma na roda dentada das aflições.

Aqueles que decorrem das enfermidades físicas e mentais produzem desespero, levando, não raro, os que os têm sobre os ombros, a estados de desesperação, se não se apoiam na resignação e na humildade. Todavia, os sofrimentos morais parecem transcorrer em clima de mais ásperas provanças. Há dores físicas que se tornam difíceis tormentos morais. Sem embargo, os legítimos sofrimentos morais, aqueles que se transformam em feridas abertas em chaga viva ulcerando a alma, terminam em agonias físicas de largo porte...

Para as dores físicas, a ciência já conseguiu um sem-número de recursos que colaboram para a recuperação da saúde e, ao mesmo tempo, produzem diminuição, quando não transitória cessação dos padecimentos.

Diante, porém, das dores morais, as denominadas "ciências da alma" podem, quando muito, propor esquemas paliativos que, decerto, não atuando no cerne do problema aflitivo, não conseguem modificar a paisagem de angústia e sombra que escarnece e estiola a vítima.

Que medicamentos se podem propor, senão a terapia da prece, da fé abrasadora e da irrestrita confiança em Deus:

quando um filho ingrato deposita ácido no coração dos pais;

quando um amigo se fez verdugo do seu amigo, olvidando toda a amizade, tornando-se azedo e perseguidor;

quando um irmão agride outro, usando as covardes armas da traição, da maledicência e da calúnia;

quando se ama sem receber-se correspondente sentimento;

quando se está a braços com dramas e situações de impossível momentânea solução, que se deve silenciar no algodão da humildade, esmagando quaisquer expressões e manifestações do egoísmo e do orgulho;

quando a viuvez ou a orfandade, o abandono ou o desvalimento deixam à margem um ser sensível?...

Para as dores morais, sem dúvida, o amor feito de paciência e perdão deve constituir arrimo e apoio a quem experimenta essa benéfica provação.

Não te desesperes quando colhido pelas dores morais reparadoras.

Não te rebeles ante a injunção moral que te chega, semelhante a uma brasa ardendo na mente, ou uma férrea mão a esmagar-te o coração no peito ferido.

Levanta a cabeça e ora, sem desfalecimento.

Ajoelha-te, em espírito, numa atitude de humildade, e suporta.

O algoz de agora se modificará com o tempo.

A vida espera-o logo depois, conforme a ti próprio hoje alcança.

Não revides de forma alguma.

Utiliza-te da ensancha e aprofunda uma análise mental nas tuas atitudes comportamentais.

Se eles, os que te crivam de farpas de angústia, têm razão, perdoa-os e renova-te, modificando para melhor o roteiro por onde segues.

Se não têm razão, perdoa-os da mesma forma e espera.

O amanhã é novo dia para todos.

O que agora não entendas, mais tarde se te aclarará.

Porfia no testemunho, lanhado e sofrido, com humildade, vencendo o orgulho, e chegará o momento da tua paz e perfeita integração no clima de felicidade que desde hoje almejas...

22
OBEDIÊNCIA COM RESIGNAÇÃO

Estudo: cap. IX – item 8.

O equilíbrio, a harmonia, resultam da obediência às leis que regem a vida.

Em torno dos Sóis gravitam os demais astros, e, por sua vez, estes se submetem às soberanas diretrizes que mantêm as galáxias.

A sinfonia harmoniosa é o resultado da submissão de notas e instrumentos à pauta e à regência.

O equilíbrio da máquina decorre da perfeita submissão das peças do mecanismo que lhe constitui a engrenagem...

A saúde do corpo e da mente, por sua vez, é consequência da obediência do Espírito às conjunturas da evolução inadiável.

A obediência revela-se como elemento essencial para a ordem, fator base do equilíbrio fomentador do progresso.

Medida que revela a sabedoria da criatura, a obediência decorre, naturalmente, de um perfeito conhecimento dos deveres em relação aos objetivos da existência humana.

Somente as almas disciplinadas logram o cometimento da obediência, em consequência da resignação ante os sucessos nem sempre ditosos.

Assevera-se que os fracos são mais fáceis de conduzidos, portanto mais maleáveis à obediência. Conveniente, porém, não confundir obediência com receio submisso, nem resignação com indiferença diante da luta, que é sempre um desafio da evolução.

Obediência e resignação constituem termos equivalentes da equação evolutiva, a grande incógnita para o Espírito em processo libertador.

Vives num Universo onde vigem as leis de equilíbrio, soberanamente, em nome de Deus.

Qualquer agressão à ordem impõe a necessidade de recuperação como impositivo de dignidade e harmonia.

A rebeldia é processo de luta em faixa primitiva, enquanto que a obediência é conquista da razão esclarecida.

O bruto reage, o sábio age. O primeiro agride, o segundo elucida.

Submete-te, desse modo, aos impositivos da evolução, mesmo quando as circunstâncias te pareçam aziagas ou tormentosas.

A resignação, como consequência natural do conhecimento das *Leis de Causa e Efeito*, ser-te-á o lenitivo e o amparo para o prosseguimento do ministério abraçado, em busca da libertação que almejas.

Não te revoltes, portanto, se as coisas não te saírem conforme o teu desejo. A realidade é consoante deve ser, e não conforme a cada qual apraz.

Aplica-te ao serviço fraternal de auxílio, confiante e resignado, adquirindo experiências iluminativas que se te incorporarão ao patrimônio existente de bênçãos.

Convidado ao revide, empurrado ao desespero, chamado ao remoque, concitado à desordem, silencia e ama, obedecendo às determinações da vida e resignando-te em face das suas injunções.

A obediência liberta; a resignação sublima a alma.

Uma deflui do conhecimento e a outra do sentimento.

Não obstante a arbitrária justiça do atormentado representante de César, Jesus não se rebelou, não agrediu, não duvidou da Misericórdia nem da Sabedoria do Pai. Obedeceu, resignado e amoroso, embora fosse o Senhor da Terra, concitando-nos, desde ali, à coragem para sofrer com equilíbrio e confiança total nas determinações divinas.

23
IMPULSOS E VONTADE

Estudo: cap. IX – item 10.

O homem é o que programa e acalenta mentalmente. Das inexauríveis fontes do pensamento que filtra as aspirações do Espírito encarnado, transformando-as em ideias, promanam as sombras e as luzes que promovem a angústia e a dor a que todos se entregam.

A cada um compete o indeclinável dever de renovar para melhor a própria vida, envidando esforços exaustivos na consecução do empreendimento em prol da felicidade.

Nesse sentido, porém, é ingente examinar o que constitui ou não felicidade, quais as suas metas, suas concessões e desaires...

O homem que vem, com o auxílio da tecnologia, modificando a face do planeta que lhe é berço e em que habita, não tem sabido valorizar os mesmos recursos em favor das profundas transformações das paisagens íntimas, que se encontram sombreadas de angústias, quando não assoladas pela desesperação.

Isto, por conceituar a felicidade como sendo o prazer dos sentidos, que usufrui, não raro, até à exaustão, através do abuso em que se demora, no desgoverno das sensações.

Os que voam em busca das emoções superiores constituem exceção à generalidade e passam quase sempre na comunidade como sendo personalidades estranhas, singulares ou visionárias...

Acoimado pela desordenada sofreguidão do utilitarismo, embriaga-se, desde cedo, nos vapores entorpecentes dos gozos físicos, e, não obstante os apelos para a beleza, o crescimento vertical, detém-se, enlouquecido, na horizontal do imediatismo.

❖

Pergunta-se porque o avanço moral não corresponde ao crescimento intelecto-tecnológico e inquire-se qual a razão dos numerosos desequilíbrios que imperam na atualidade.

As causas matrizes se encontram no Espírito ainda vinculado às expressões grotescas das formas primárias, pelas quais vem transitando na larga romagem para a luz.

Incontável número de seres procede das regiões dolorosas e purgativas do planeta, que experimenta mudança de psicosfera, dentro da programática evolutiva a que estão sujeitos homens e mundos, experimentando a assepsia dos núcleos inditosos que agasalhavam as hordas de bárbaros do passado, temporariamente ali retidos a fim de que não obstaculizassem o desenvolvimento do lar...

Recebendo a ensancha liberativa, apresentam-se ao crescimento espiritual, trazendo insculpidas nos recessos do psiquismo as condições que os tipificam, apesar da aparência harmoniosa e da estética decorrente das leis genéticas. Sôfregos e inquietos, anseiam por repetir as comunidades chãs, entre as necessidades primárias de que se desobrigam por instinto, utilizando as aquisições da cultura científica e filosófica tão somente para a autossatisfação.

Como é mais fácil a conquista tecnicista, que não impõe os supremos sacrifícios da renúncia e do incessante burilamento, realizam no campo externo o que lhes imporia inauditos esforços no reduto interior...

São horas, porém, de transição esperada.

Embora o ensurdecer estonteante da voragem que os combure nas manifestações meramente sensoriais, os que assim vivem, caem, por exaustão, em melancolia, frustrados e insaciáveis, dando início às experiências elevadas sob o acoimar dos sofrimentos que irrompem graves, de longo porte.

Raramente, porém, o empreendimento novo da fé e dos valores morais logra êxito num tentame ou se consubstancia numa única etapa reencarnatória. Quando lucila a necessidade de fundo espiritual, transcendente, gastas já se encontram as forças, desorganizados os controles dos sentidos, antes rebeldes, viciados os centros de comando da vontade, dificultando, por ausência de disciplina, a consecução dos dispositivos superiores. Os lampejos das necessidades positivas se fixam, gerando matrizes no psicossoma que assinalará as futuras reencarnações com disposições novas, em tentativas que os induzirão ao avanço.

Ninguém que esteja fadado à dor.

Sofrimento é opção de quem se rebela contra o dever, preferindo estagiar nos patamares sombrios da ascensão.

Um pouco de reflexão basta para que se percebam as altas finalidades da vida, a manifestar-se em tudo.

As leis do equilíbrio universal, as disposições do progresso irrecusável, o finalismo impelente para a perfeição constituem motivações, apelos veementes que ninguém pode ignorar.

A razão ínsita no homem, atributo que foi conquistado no suceder dos milênios multifários, deve ser aplicada na conquista dos valores eternos, antes que malbaratada nos torpes anelos da acomodação, parasitismo que expressa atrofia da própria capacidade de crescer.

A interação da vida, que se alonga sem mecanismos de parada, dentro e fora da organização somática, conduz, irrefragavelmente, hoje ou depois, ao colimar das metas superiores a que todos nos destinamos.

Cultivar as aspirações superiores e anelá-las com veemência, libertando-se dos condicionamentos transatos e do atavismo dos instintos primeiros, com largas experiências pela trilha da razão, é dever imediato a benefício da felicidade.

Refrear impulsos grotescos, bloquear tendências tormentosas e sandices mediante os exercícios das disciplinas morais relevantes, constitui metodologia para aplicação imediata de resultado salutar.

Asseverava Jó, com atualidade contundente, conforme se lê no capítulo 22 e versículo 28: "Determinando tu algum negócio, ser-te-á firme, e a luz brilhará em teu caminho.".

O que o homem anelar, a penates logrará, porquanto o que se inicia nas telas do pensamento, exterioriza-se pelas engrenagens da vontade, consubstanciando-se através da ação.

Quando o homem comanda os impulsos, dando direção correta às aspirações, a vida lhe responde em poemas de paz e êxito às tentativas de crescimento.

24
PERDOARÁS...

Estudo: cap. X – itens 14 e 15.

P erdoarás, olvidando todo o mal a fim de recordares o dever de fazer todo o bem possível.

Perdoarás a agressão de qualquer natureza, não conservando forma alguma de ressentimento contra quem se te faz instrumento de inquietações.

Perdoarás a injúria, compreendendo que aquele que te calunia padece de desequilíbrios que ignoras.

Perdoarás a ingratidão dos amigos, tendo em vista que o ingrato é alguém a um passo da desorganização emocional.

Perdoarás a impiedade, reconhecendo que o seu portador é alienado de alto porte a caminho da loucura total.

Perdoarás o invejoso, não te permitindo sintonia com as suas insinuações malévolas, já que ele é inimigo de si próprio.

Perdoarás o maledicente, que se desmoraliza a si mesmo.

Perdoarás o intrigante, pois que arma o alçapão para se aprisionar, sofrendo as injunções do ato que engendra.

Perdoarás o desertor do compromisso, prosseguindo sem ele, porém fiel ao dever abraçado.

❖

Perdoarás, sim, sempre a todos, mas não desanimarás, não retrocederás nos compromissos nobres abraçados, nem conivirás com aqueles que, enganados, preferem manter a sementeira da desordem, da frivolidade e da insensatez, procurando apoiar-se na tua aquiescência ou desvincular-te dos labores a que te afervoras.

Perdoarás sempre, tendo em vista que a mensagem da Doutrina Espírita, na sua feição evangélica e filosófica, ensinando-te a remontar às causas anteriores das aflições, dá-te a resignação e a claridade do conhecimento, a fim de compreenderes que somente se sofre o que se merece, e que a escalada da montanha de redenção é sempre feita sobre as imperfeições pessoais que são esmagadas a pouco e pouco até a vitória total com legítima libertação das paixões deteriorantes.

Perdoarás, porque o teu compromisso é com o amor, e, conforme fez Jesus, amando, compreenderás, perdoando sempre a tudo e a todos sem desfalecimento.

25
PRÁTICA DA INDULGÊNCIA

Estudo: cap. X – item 16.

A austeridade moral que te deves impor como normativa de conduta não se pode converter em instrumento de rigor para com as fraquezas do próximo.

Compreende-se que o esforço empreendido em prol do burilamento íntimo impõe-te severas disciplinas, cujos resultados coletas a pouco e pouco, ensejando-te largas quotas de saúde moral.

No entanto, não te é lícito medir as forças do irmão combalido com a tua capacidade pessoal.

Quiçá fosses testado no ponto vulnerável que te é peculiar, quanto ele o foi, e a tua posição seria bem outra.

Nada, é certo, que justifique o erro, desde que em se elevando o Espírito a Deus pela oração e através do trabalho, este sempre haure forças para avançar resoluto, superando os empeços como as tentações.

Sem embargo, a tua não deve ser a atitude de quem revolve feridas não cicatrizadas com a lâmina da indiferença, ou de quem oferta água salgada ao sedento que roga socorro.

Não houvesses lobrigado o benefício da fé, a dádiva do esforço, e gostarias de defrontar compreensão e ajuda, se estivesses combalido.

❖

Ninguém cai por prazer. Se tal ocorre, no processo da queda há, sem dúvida, fatores poderosos que escapam a uma análise superficial e apressada.

Quem tomba, moralmente, padece de enfermidades que certamente ignora.

Diante dos colhidos pelas redes do erro e da criminalidade, da insensatez e do sofrimento, faze-te indulgente.

Indulgência é, também, manifestação de amor, muitas vezes indispensável para o cometimento da caridade.

Há quem negue a doação da indulgência, justificando que tal oferta pode converter-se em estímulo ao erro ou transformar-se em benignidade para com aquele que erra.

A indulgência, porém, não pode ser considerada como aquiescência para com o mal, antes, porém, qual terapêutica de profundidade que se inicia sem alarde, resultando em renovação e levantamento de forças de quem jaz sem esperanças.

A indulgência para com as falhas alheias desperta o homem para o exame e a vigilância das próprias fraquezas.

O indulgente é alguém que refaz um caminho já percorrido, ora na atitude abençoada de enfermeiro da solidariedade.

A indulgência dignifica o cristão e emula-o a passos mais expressivos, a atitudes mais decisivas nos empreendimentos de elevação espiritual a que se afervora.

Nunca te negues à indulgência, seja qual for a circunstância e o gravame com que depares.

Quando nada possas fazer, ora pelo irmão tombado e estimula-o ao soerguimento.

Oxalá emulado pelo teu sentimento e gesto, ele volte a crer em si mesmo e se encoraje ao recomeço.

❖

Em toda parte estão presentes os que exigem, criticam, impõem regras, são severos para com os outros, não raro demorando-se em situação pior do que a daqueles.

Mesmo que se situassem em estágio superior, não poderiam credenciar-se a tal comportamento.

Lembra-te, portanto, de Jesus, que se fez o Indulgente por excelência e, todavia, era perfeito.

Assim, sê indulgente para com todos e severo para contigo próprio.

26
SEM CONDENAÇÃO

Estudo: cap. X – item 18.

Todos aceitarão tua palavra amiga, não o teu reproche...
As criaturas desejarão roteiros, não as tuas reprimendas...

Os homens necessitarão sempre de água cristalina, não dos teus ácidos...

Os amigos quererão tua compreensão, jamais as tuas exigências...

Os companheiros anelarão por tua fraternidade, não pelas tuas acusações e remoques...

❖

Justificarás que não compactuas com o erro e és sincero ao exarar tua opinião.

É certo que esta é uma atitude correta. No entanto, quem cai não necessita de maior tormento do que o próprio insucesso. Tu és chamado para ajudar, e não para zurzir o látego da impiedade...

O tempo dirá ao tombado quanto aos próprios gravames.

Faze tua parte de amor, auxiliando.

Não faltará ensejo para enunciares opiniões corretas e nobres. Sem embargo, diante da crise, a paciência e a gentileza na colocação da bondade têm regime de urgência.

O erro de alguém, de alguma forma reflete as tuas limitações.

Solidariedade é, por isso, clima fraternal para levantar os caídos, enquanto a acusação verbosa se transforma em grave complicação para quem, em momento próprio e mediante palavras bem situadas, poderia beneficiar-se a contento, levantando-se da queda.

Gostarias que o irmão te advertisse quando estiveres em erro... Será, porém, necessário isso? Basta não deixares a mente anestesiada pelo bafio do orgulho ou pelos tóxicos da presunção e te darás conta do equívoco. Conseguirás identificar os teus erros, e, orando, retificá-los.

Todavia, se não o perceberes, não faltará, no instante justo, a inspiração do Alto, conclamando-te ao reequilíbrio, se permaneceres vigilante.

Condenação verbalista, vigorosa contra o próximo, nunca.

Amizade, sim, em todo tempo e lugar.

Jesus redarguiu aos que O tentavam com propostas capciosas: "Quem entre vós me elegeu juiz das vossas questiúnculas?" –, desarmando a trama da impiedade. Entretanto, auxiliou a todos, indistintamente, usando verbo especial, repassado de carinho e esperança, para cada situação, pessoa e problema.

Sê tu, portanto, aquele que vai "dois mil passos" ao lado de quem te agradece uma jornada de mil, e oferta, igualmente, a capa da boa vontade a quem te solicita apenas a manta do entendimento fraterno, sem condenação.

27
ANTE O CIÚME

Estudo: cap. XI – item 4.

Disfarçando-se com habilidade, o ciúme aparece em complexas nomenclaturas: "zelo de amor", "vigilância afetuosa", "tempero do amor", "demonstração de afeto", "receio de perda", fugindo à responsabilidade para afligir e atenazar.

Fazendo enxergar por meio de lentes defeituosas, tudo se transforma sob sua mira, alterando-se, criando imagens infelizes e inculcando ideias venenosas de que se serve para o comércio da desarmonia e da desdita.

O ciúme é enfermidade do sentimento das mais danosas. Por proceder do imo de quem lhe sofre a constrição inditosa, sua erradicação faz-se difícil, porque exige esforço e denodo, numa batalha rude contra o amor-próprio.

Filho especialmente mimado do egoísmo, envolve-se nas roupagens da astúcia, de que se utiliza para insinuar-se e manter-se oculto, até o momento de desferir os golpes mortíferos com que azorraga aquele que o conduz, quanto quem lhe sofre a ditadura malévola.

O ciúme jamais deve ser considerado como manifestação de amor, exceção feita à forma possessiva de amar, portanto, desequilíbrio e dominação do sentimento enfermo.

Investe contra esse sórdido cúmplice da paixão dissolvente todos os teus esforços e não lhe dês trégua, como te apareça, onde surja, quanto conspire contra tua afetividade digna.

❖

Se alguém não corresponde à tua dedicação e prefere ir adiante, ciumar e afligir de forma alguma produzirá resultado salutar.

Se te trai o ser a quem amas, ama ainda mais, sem propriedade nem perseguição.

Se alguém te mente em nome da amizade ou do amor, reserva-te dignidade afetiva, fazendo o que te cabe.

Nem ressentimento nem exigência.

Quem vai adiante pelos ínvios caminhos, necessitará de tuas mãos e coração tornados conchas de amor e caridade, logo mais...

Desde que amas, não tenhas pressa. Chegará a tua vez de auxiliar o amor que se enganou e que necessita de ti, quando lograrás, então, recuperar o coração infiel, fruindo a paz que decorre de uma consciência reta e uma dedicação real.

Ciumar, porém, nunca!

28
PROFILAXIA DA ALMA

Estudo: cap. XI – item 8.

Quando a alegria esfuziante dominava as tuas emoções, não te deste conta da transitoriedade dos júbilos. Agora, quando as aflições te surpreendem, convidando-te à reflexão, não te deixes abater, igualmente, recordando que logo mais terão cedido lugar a outras expressões com que avançarás escalada acima.

Durante o período largo em que a saúde te abençoava as horas físicas e mentais, não percebias que os implementos do corpo são todos passíveis de desorganização e ajustamento, conforme a complexidade de que se constituem, a atividade a que servem e os fatores pretéritos da programática evolutiva do próprio Espírito.

Hoje, ao impacto de mutilações ou de doenças deste ou daquele teor, não te entregues ao desespero ou à rebeldia, que somente complicam a situação, quando esta requer equilíbrio, disciplina e ação edificante, reparadora dos males que engendraram a situação atual.

❖

As acerbas injunções que antes te faziam padecer conflitos severos, cederam lugar ao clima de paz por onde ora transitas.

Propõe-te conveniente aproveitamento da oportunidade, em considerando a fragilidade das organizações e situações terrenas...

❖

Vives num corpo transitório, que se modifica, na estrutura e formação, sob o impositivo das Soberanas Leis que regem a vida.

A matéria se modifica e se transforma incessantemente. Indispensável preservar os valores espirituais, que são as matrizes para o processamento evolutivo em que te engajas por necessidade evolutiva.

❖

Não te agastes nunca. Coisa alguma deve constituir-te motivo de contrariedade.

Não desanimes jamais. O desalento é anestésico para a alma.

Não revides mal por mal em circunstância alguma. O mal é petardo perigoso que envenena primeiro aquele que o arremessa.

Não cobices as ilusórias conquistas que não preenchem os *vazios* do coração. As coisas ficam, as glórias passam e os valores mundanos perdem sua significação.

Não te preocupes com crescimento de superfície. As conquistas exteriores são vãs.

Antes faze a profilaxia da tua alma, adentrando-te na meditação evangélica para sua posterior vivência.

A paz da consciência tranquila exornar-te-á o Espírito, e sejam quais forem as paradoxais mudanças que experimentes pelo caminho ascensional, retirarás proveito a benefício próprio, seguindo, intimorato, as pegadas de Jesus, no rumo por onde Ele transitou.

29
DESTINAÇÃO GLORIOSA

Estudo: cap. XI – item 9.

Embora a aspereza da rota por onde segues, entre padecimentos e tribulações, não te descoroçoes.

A tua é a fatalidade do bem.

Apesar dos aparentes insucessos que ocorrem nos teus planos de santificação, não diminuas o entusiasmo no labor abraçado.

A tua é a destinação gloriosa.

Não obstante as limitações que te impedem voos mais altos nos empreendimentos nobres, que abraças com entusiasmo e abnegação, não te deixes desanimar.

Estás fadado à vitória.

Mesmo que se multipliquem os empeços nos propósitos superiores da vida, que te constituem razão de ser, não te permitas o desalinho, o desequilíbrio ou a rebeldia.

A obra do bem não tem limite de tempo ou de circunstância.

O fanal de todos os seres é a plenitude espiritual, que nos aguarda, após vencidas as naturais dificuldades do caminho de experiências evolutivas.

❖

"Deus é amor", amor que imanta a vida e, não obstante invisível à percepção objetiva, faz-se evidente na grandiosidade das galáxias e nas expressões micra da vida, na Vida.

A pedra que se recusa ao buril da lapidação, jamais se transforma na estátua de formas perfeitas.

O diamante que não permite se aprimorem suas arestas, nunca logrará reter o fulgurante brilho de uma estrela distante.

Nascidos do Amor de nosso Pai, transitamos no oceano da Sua Misericórdia para atingir a grandeza do amor total.

Jeremias, no canto número vinte, versículo sete, acentuava: "Tu me seduziste, Senhor, e eu me deixei seduzir".

Ocorre que Deus se encontra imanente em nós e em todas as coisas que constituem a Obra da Sua criação.

A rebeldia, o desânimo, o receio são síndromes da pequenez espiritual de quem não se resolveu, ainda, crescer em definitivo para a magnitude das metas.

A dor, a aflição, as lágrimas são processo depurador que arranca da ganga a preciosa gema criada à *imagem* do próprio Senhor.

❖

Não temas as conjunturas adversas que se te apresentem, por mais tempestuosas te cheguem, ameaçando destruir-te.

Se tombares, levanta e reenceta a jornada. Se sofreres, retempera o ânimo e atira-te à refrega da evolução.

Glória sem luta é conquista utópica.

Vitória sem experiência é um salto na aventura.

Quem encontrou Jesus, não desconhece que da manjedoura à cruz há toda uma história silenciosa de feitos e uma epopeia de palavras, como existe uma sinfonia de silêncio, ensinando estoicamente a vitória do homem sobre si mesmo, a fim de lograr a destinação gloriosa que nos está reservada.

30
INTRIGA

Sórdida comensal da perturbação, a intriga é enfermidade da alma que tem de ser combatida a qualquer esforço.

Sua ação nefanda consegue conspurcar as mais puras esperanças e destruir as mais sólidas edificações do esforço nobre.

Insinua-se e se estabelece arrimada à leviandade e, normalmente, à ociosidade, que nela encontra excelente campo para a fermentação da sua virulência.

Com habilidade, converte palavras ingênuas em punhais afiados e altera fatos que se tornam tragédias, com objetivos de denegrir e malsinar.

O intrigante, por viver açulado pela peçonha que o envenena, compraz-se em espezinhar, agredir, adulterar a verdade.

Tem sempre de que falar mal.

Julga os outros por si.

Transfere das próprias imperfeições os complexos infelizes com que adorna os outros.

É fiscal impenitente.

Não ama.

Cultiva a irritabilidade, porque se intoxica com o que vitaliza intimamente.

Agressivo, também sabe dissimular.

Rude, por temperamento rebelde, estima as cenas chocantes e faz-se vulgar.

Não se atemoriza ante o escândalo, até mesmo o estima.

Não se constrange em se apresentar como se nada houvesse acontecido.

O cidadão verdadeiro não dá guarida à intriga.

O cristão deve detestá-la.

O homem de bem não pode conivir com o intrigante.

O cristão não o escuta.

A pessoa educada silencia no algodão da dignidade o verbo intrigante.

O cristão anula sua ação na prece, mediante o esquecimento do mal.

A pessoa sadia moralmente repudia a intriga e não dá acesso ao intrigante.

O cristão interrompe o intrigante e não permite que a intriga influencie suas decisões.

Não te descuides.

A intriga chega-te ao ouvido, muitas vezes, disfarçada como queixa; noutras situações, assume a máscara de vítima com que te ilude.

Preserva o teu coração em paz, a fim de que vivas com alegria.

Coloca o ácido da verdade na ferida da intriga e ela cicatrizará.

Silencia as informações doentias que de forma alguma te ajudarão – mesmo que sejam verídicas –, não permitindo que a palavra impiedosa do intrigante te arruíne interiormente.

O mal sempre faz mal a quem se conduz de forma infeliz.

Opera com Jesus onde estejas, e esforça-te por identificar apenas o lado bom de todos e de todas as coisas que facilmente descobrirás, prosseguindo, tranquilo e ditoso, no cometimento a que foste chamado e que executas com abnegação, conservando tua felicidade de servir sem te preocupares com as imperfeições alheias que te tragam ao conhecimento.

31
O INIMIGO

Estudo: cap. XII – item 4.

O inimigo – contrário, hostil, adversário, aquele que persegue, odeia, anatematiza, injuria – alimenta-se, no programa infeliz que desenvolve, com os estímulos que lhe propiciam.

Reagindo e revidando, açoda os valores negativos que lhe são a condição atual, fazendo-o redobrar de intensidade, na inditosa empresa a que se entrega contra ti.

A resistência belicosa que lhe ofertas, estimula-o, enfurecendo-o cada vez mais a lutar e perseguir-te.

Competindo com ele na disputa da impiedade, ele se sente motivado a prosseguir.

Se dás guarida à sujeição malévola que te impõe, sob esta ou aquela circunstância, considerando o programa nefando que desdobra, é claro que o sustentarás na batalha contra a tua felicidade.

❖

Se, todavia, tiveres em mente que ele está enfermo da alma, embora postulando em campo minado, amá-lo-ás.

Utilizando-te do perdão – que é uma nobre e santa decorrência do amor –, ele desistirá, porquanto as tuas vibrações de fraternidade neutralizarão as forças deletérias que ele arroja na tua direção.

Se não revidas aos petardos violentos, ele exaure os depósitos da animosidade e se desestimula.

Sabendo-se perdoado por ti, rebela-se, a princípio, por não conseguir o litigante para prosseguir na luta, cedendo, depois, por ausência de fatores provocantes.

A ira que ele te dedica morre no algodão da tua serenidade.

A flechada da calúnia que ele te desfere erra o alvo se te movimentares a seu favor...

O veneno da desmoralização com que ele pretende denegrir-te o nome e perturbar-te a marcha, dilui-se na água da tua caridade para com ele...

❖

De forma alguma, podes ou deves considerar-te inimigo de alguém.

Da mesma maneira, não te cabe permitir que haja inimigos teus.

Se, por acaso, o que é muito comum, alguém não consegue simpatizar, estimar ou comungar contigo ou com os teus ideais, isto é problema dele.

No entanto, se revidas, devolves ou retribuis a animosidade, mesmo que a experimentes, não a combatendo, o problema já é contigo.

Não compensa nunca ser inimigo, vitalizar inimigos, estimar a inimizade.

Jesus não se furtou aos inimigos gratuitos, no entanto não sustentou qualquer inimizade, tudo fazendo por manter pulcra a tarefa e permanecer impertérrito nos objetivos perseguidos.

Modelo para todos nós, faze como Ele e somente defrontarás amigos, mesmo entre os que, por enfermidade espiritual, se dizem e se comportam na condição de teus gratuitos inimigos.

32
DOR, TENTAÇÃO E PERSEVERANÇA

Estudo: cap. XII – item 5.

A lixa do tempo, na sucessão das horas, modifica formas e muda aparências.

O incessante movimentar das águas retira as arestas das pedras e as arredonda.

A pátina dos anos corrói o bronze onde se infiltra.

A dor, em incessantes golpes, são os divinos instrumentos da vida, reformando caracteres e Espíritos.

Recusando a modelagem do amor, o Espírito cai, inevitavelmente, na forja do sofrimento que se encarrega de fundir no íntimo a face da beleza, para que reflita as claridades divinas.

Ninguém recalcitre ante o impositivo da evolução inapelável.

❖

Mentes hábeis na urdidura da intriga programam ações destruidoras.

Mentes invigilantes conduzem informações malsãs.

Mentes anestesiadas fazem-se veículo de perturbações.

Mentes atormentadas acumpliciam-se na ira e, desequilibradas, tentam desarticular o trabalho do bem.

Mentes frívolas detêm-se na observância do erro alheio, quando deveriam cuidar de fazer bem o seu dever...

Não raro, são mentes comandadas por outras mentes desencarnadas com as quais afinam por identidade de propósitos e de interesses, animando-se a perturbarem o trabalho do Senhor...

Vigia tu!

Não te faças o veículo do mal, mesmo pretextando ajudar. Ninguém auxilia, condenando.

O real colaborador do bem não se queixa, expõe o problema com serenidade; não blasfema, fala com elevação; não se encoleriza, controla a ira...

Como situar o cristão de conduta desastrosa, em relação ao homem do mundo, gozador e venal?

Persevera no bem, tu que amas, realmente, ao bem.

Não permitas que a mágoa injustificável se te aninhe n'alma, quando convidado à paz, à ação ideal, no tumulto das questiúnculas de menos significação, com que a irresponsabilidade dos doentes espirituais te encharca, fazendo-se instrumento dos que não te conseguem alcançar, com a meta inditosa de infelicitar-te.

Jesus, o Ínclito Construtor do Orbe, ensinou-nos como enfrentar os embaixadores da Treva, revidando a tentação com o amor e a paz íntima.

Assegura-te, contudo, de que, dessa luta contínua em que te doem as fibras da alma, o Pai retira o lado bom, a teu benefício, se permaneceres humilde e confiante.

Insiste no bem, sem cessar, sem desar, sem receio.

O Senhor conhece o teu esforço. Persevera, pois.

33
PERSEGUIDORES ESPIRITUAIS

Estudo: cap. XII – item 6.

Inspiram ao desalento mediante insinuações malévolas e constantes, instilando pensamentos desarvorados que se convertem em estado de depressão após o insucesso.

Urdem planos bem trabalhados com que formam redes de intrincados problemas, que atuam à frente das vítimas incautas que lhes padecem a necessidade.

Atiram pessoas-problemas nos braços da ação enobrecida, objetivando situações embaraçosas e perturbadoras.

Criam falsas necessidades mediante o açodar de desejos que dormem, arrojando os a quem perseguem em calabouços de crimes ou dolorosas dependências infelizes.

Geram suspeitas infundadas, semeando dúvidas atrozes nos que acalentam nobres ideais, a fim de que o escalracho esmagador estiole as plântulas débeis da fé, da confiança, da efetividade em começo.

Dialogam pelo pensamento usando técnicas vis, através das quais demolem as construções frágeis da conscientização do bem iniciante.

Intoxicam a psicosfera de que se nutrem os seus dependentes psíquicos, neles produzindo indefinível mal-estar com que terminam por ceifar-lhes a alegria e o otimismo.

Transmitem sofismas e negações ante os fatos consoladores, utilizando-se de hábil telepatia com que se insinuam na casa mental das pessoas desassisadas, iniciando os torpes processos de obsessão espiritual.

Tais insistentes adversários da paz são os perturbadores espirituais.

São inimigos de ontem, antipatizantes de hoje, instrumentos da vida a benefício da nossa reforma interior.

Ninguém que se encontre na Terra, por enquanto, está infenso à sua interferência.

Hábeis, conhecem os pontos vulneráveis daqueles a quem perseguem, comprazendo-se nos ardilosos planos da maldade de que se fazem portadores.

São contumazes nos ouropéis da perfídia e da promoção do sofrimento.

Ignoram, por prazer, a misericórdia e a compaixão.

Estão doentes e fingem não sabê-lo.

Serão colhidos, a seu tempo, pelas injunções das irrefragáveis Leis da Evolução.

Não os temas, nem te deixes seduzir pela urdidura da sua perversidade.

Não dês guarida às suas insinuações, nem te deixes abater.

Todos aqueles que se encontram na Terra, salvadas raríssimas exceções, somos Espíritos em trânsito da sombra para a plenitude da luz.

Se desejas vibrar em faixa superior à deles, ora mais, reage mais às suas influências mentais e às suas urdiduras pelo caminho por onde segues.

Tens um compromisso superior com o Cristo, e deverás executá-lo a preço do sacrifício e da abnegação.

Enriquece-te do ideal abrasador e transcendente da verdade, que te abre os pórticos da Vida mais-alta e triunfante, e não tergiverses, não te escuses, não te refugies na fragilidade, que é síndrome da imperfeição que deve ser superada.

Quando esteve entre nós, o Excelente Messias não se furtou aos zombadores de um como do *outro lado da vida*, resistindo a todo o mal, a fim de demonstrar-nos que dificuldade é prova, sofrimento é teste e perturbação é desafio que todos deveremos enfrentar e vencer e perturbação é desafio que todos deveremos enfrentar e vencer a benefício da nossa redenção gloriosa.

Faze o mesmo.

34
DAR E DAR-SE

Estudo: cap. XIII – item 9.

N ão te equivoques quanto ao sentido do verbo dar, à luz do Evangelho. Toda oferenda que beneficia alguém é proveitosa e cabe na aplicação do exercício da caridade.

A doação, porém, mais valiosa se manifesta mediante o bem-estar que propicia ao ofertante.

As expressões da ajuda material são significativas no compromisso de diminuir as aflições e necessidades do próximo mais carente do que nós. Sem embargo, os excessos que distendemos a alguém não representam o mais precioso do quanto podemos dar.

❖

Há pessoas que se martirizam por não disporem de valores para oferecer.

Acreditam que convocadas para o ministério do bem incessante, somente realizariam o cometimento exitoso se lhes abundassem tesouros que pudessem repartir e distribuir fartamente.

Ante a escassez, eximem-se de maior esforço, justificando transitarem pela mesma situação em que se encontram os sofredores...

❖

As mais eloquentes doações que a Humanidade conhece foram realizadas de forma diversa da distensão pura e simples de objetos e moedas.

Gandhi, sem qualquer posse, deu-se à luta pela "não violência", tornando-se um símbolo de paz e doando a vida em holocausto pelo ideal libertador que o abrasava.

Francisco de Assis, após despir a túnica que pertencia ao genitor e renunciar ao nome de família, fez as mais preciosas oferendas, dando-se a si mesmo a ponto de tornar-se o "santo da humildade".

Jesus, que não "possuía uma pedra para reclinar a cabeça, embora as aves do céu tivessem ninhos e as serpentes covis", é o excelente exemplo da maior doação de que se tem notícia na História da Humanidade...

Quantos homens e mulheres, seguindo-Lhe as pegadas, deram e doaram-se ao amor pelo próximo, vitalizando a esperança no mundo, através dos tempos?!

❖

Dá quanto possas, faze o que te seja viável, mas não te detenhas no conceito limitado das dádivas materiais.

Se meditares em profundidade, descobrirás as fortunas de amor que jazem no teu mundo íntimo, aguardando que a boa vontade e a abnegação se te façam garimpeiros e descubram as gemas da caridade maior de que podes dispor fartamente, endereçando-as a todas criaturas do roteiro por onde transitas. Esta forma superior de dar, far-te-á bem e ditoso, porquanto perceberás que te estás dando, forma única de encontrar a felicidade.

35
LUZ DA CARIDADE

Estudo: cap. XIII – item 11.

A beneficência atende à dor, e a caridade triunfa, dominando o cenário que se lhe submete.

A piedade fraternal sensibiliza, e a caridade esparze esperança, dilatando as perspectivas de felicidade.

A solidariedade emoldura as almas, e a caridade penetra o coração como um bálsamo refrescante e curador.

A indulgência dulcifica o ser, e a caridade constitui a alma dos sentimentos que despertam para as aspirações relevantes da vida.

O amor reina, e é a caridade que governa os destinos nos rumos de Deus.

❖

Em todo tempo e lugar – caridade, expressão que canta todas as melodias e narra as mais dúlcidas canções.

Caridade para todos os momentos e sem cessar.

❖

Quando a caridade se espraia, modificam-se os painéis humanos e o amor se borda de sorrisos, expressando o poema da gratidão.

A caridade não pode ser dimensionada, porque é o "hálito de Deus" vivificando as criaturas nas altas expressões da evolução moral do ser.

❖

Nunca será demais referirmo-nos à caridade.

O gesto em flor de ternura, a gota do sentimento nobre, a palavra em música de compreensão, o pão em bênção alimentícia, o poema do perdão são orvalho da caridade – estrela de primeira grandeza na escumilha da noite do coração...

Caridade é vida para quem a recebe e para quem a doa.

Sempre grandiosa, é maior, no entanto, para quem a esparze, porquanto clarifica primeiramente quem a conduz em festa.

Não haverá sido o Amor de Nosso Pai que nos enviou Jesus Cristo para ser o Sol de nossas vidas em nome da Caridade da Sua Excelsa Misericórdia?

Caridade, caridade – alma do bem em mensagem de redenção!

36
ALMA DA CARIDADE

Estudo: cap. XIII – item 12.

Nos cometimentos evangélicos, objetivando a aplicação da caridade em relação ao próximo, não descures da renovação íntima, impostergável.

A pretexto algum te permitas conduzir a mensagem luminescente da caridade, sem que te deixes clarificar por dentro.

A realização do bem começará quando agasalhes os propósitos de realizá-lo. No entanto, faz-se imperioso que o acolhimento da ideia do bem a ti próprio faça bem, removendo as cristalizações perniciosas que te perturbam e ajudando-te a romper sem pieguismo nem conivência com as imperfeições que te aprisionam nas celas escuras da inferioridade espiritual.

Esta é a tua oportunidade redentora.

Chegaste ao corpo físico, não obstante apoiado pela excelsa mercê, para um empreendimento de elevação pessoal e sairás dele com as aquisições que adquirirás.

Voltarás conforme procedas, e consoante o estado íntimo que cultives, despertarás.

Se te apoias à palavra que te estimula, utiliza-te do verbo renovador, mas não dependas dele.

Se te supres na experiência do companheiro generoso, busca-a, todavia, não te vincules apenas a isto.

Se te encorajas ante o exemplo de alguém que te inspira, cultiva os estímulos que nele haures; sem embargo, compete-te caminhar a esforço pessoal e não te deixares arrastar por ele.

Vincula-te a Jesus, recordando de que todos somos almas em recuperação e não modelos de virtudes para ti.

Culpar o próximo pelos teus fracassos é técnica sofista para fugires à responsabilidade dos teus erros.

Só Jesus convidou com autoridade indiscutível para que O seguíssemos.

Os companheiros somos seguidores d'Ele e não uns dos outros.

Faze o bem pelo prazer do bem.

Não dês guarida às astúcias do mal.

Manhoso e sutil, ele penetra a tua casa mental e, graças à maledicência insensata e invejosa que se apoia à mentira e à sandice, derrui as tuas construções otimistas e te vincula ao derrotismo.

Caridade é bênção de que podes fazer-te instrumento para a própria e a felicidade de todos.

Não seja feita de atos extremos, nem de aparência, a fim de que o sentimento não se te esfrie no coração.

Põe o *sal* do sacrifício nos teus compromissos cristãos e adoça tua alma na realização do amor, esforçando-te pela tua melhora pessoal, sem te fazeres fiscal ou censor do próximo que, à tua semelhança, trava difícil batalha que ignoras, e embora não te solicite ajuda, somente porque avança em silêncio, espera contar com a tua compreensão e não com o teu reproche.

Põe alma na tua caridade.

Caridade, portanto, para ti mesmo, não ferindo nunca, nem censurando ninguém.

37
CARIDADE E ALENTO

Estudo: cap. XIII – item 19.

Urge que vivas a mensagem evangélica em clima de otimismo e de paz. Indispensável que seja modificado o conceito pessimista que se transformou em condicionamento infeliz nas almas, de modo a edificar-se a Era melhor em que te tornarás modelo e exemplo da fé excelente que preconizas.

Nesse sentido e para tanto, o exercício da caridade assume dever e caráter impostergáveis.

Caridade do esquecimento para as ofensas e perdão incondicional para os ofensores.

Se angustiado e ferido pelo ácido da malquerença de alguém que te aflige incessantemente, caridade para ele, não lhe devolvendo a agressão sutil ou violenta, privada ou pública...

Se a insistência da perversidade te acoima, desejando destruir a floração dos teus nobres sentimentos, não te molestes com defesas injustificáveis nem revides sob qualquer condição que te seja imposta.

O cristão legítimo sobrepaira ao alcance das farpas da inveja, disfarçada de sutis ornamentos com que atraiçoa e malsina.

Caminhas para a Vida, no rumo da vida, sob as injunções das tuas vidas passadas.

Sofres o que deves.

Padeces o que mereces.

De forma alguma impedirás a urdidura dos compromissos transatos.

Filhos, pais, irmãos e amigos são realizações do pretérito, nem sempre na condição de companheiros gentis e afeiçoados do nosso roteiro de evolução.

Portanto, não reclames.

Faze a luz do entendimento, sem esperar que outros te ofertem claridade ou o seu combustível de manutenção.

Sê tu aquele que crê, o exemplo vivo.

A felicidade consiste não em sorrir, mas em não complicar a marcha ascensional com a adição de novas penas para o futuro...

❖

Porfia em Jesus.

Recorda-te d'Ele em todos os momentos, mesmo quando a alma se encontre estraçalhada, e especialmente nesse momento.

Não obstante com familiares, amigos e companheiros, esteve sempre a sós nos ásperos momentos dos testemunhos de amor.

Não te atormentes de forma alguma ante as injunções do mundo e as circunstâncias de dores ou alegrias...

Tudo passa! Menos a sublime conquista defluente do amor, no exercício da caridade a todos: sejam os que transitam pelo teu lar de provações, até aqueles que vêm de longe ulcerar-te a alma sensível.

Persevera na resistência pacífica e não te permitas desanimar, nunca.

38
QUANTO ANTES

Estudo: cap. XIV – item 8.

A pós a vilegiatura carnal exitosa, despertas na Pátria espiritual e, de alma livre, ansiosa, banhada pela ventura, procuras os seres amados que te precederam na volta.

Ao primeiro tentame, defrontas o genitor querido a braços com antigos verdugos que o impeliram à fragorosa queda, e dos quais, agora, não consegue libertar-se...

Escutas o lamento de conhecida voz. Ao buscar o ser que chora, deparas com a mãezinha, amargurada, presa a reminiscências sombrias, cultivando remorsos inúteis e queixas irresponsáveis.

Ainda não te deste conta da difícil realidade, quando o teu nome, pronunciado com ternura e dor, chega à acústica da tua alma. Vais ao encontro do apelante e te surpreendes com o filhinho que delinquiu e agora chora, vitimado pela trama que urdiu para si mesmo.

Preparas-te para o envolver na dúlcida oração de refazimento, quando um tropel de infelizes passa, e consegues identificar a filha leviana que, a pretexto de viver as próprias experiências, se evadiu do lar, partindo, alucinada, e a desencarnação a convocou ao retorno à Vida, antes que se lhe modificassem os painéis mentais do Espírito...

Aqui é um conhecido a quem te afeiçoavas, que deblatera em trevas.

Ali é um amigo que se exaure em incompreensível revolta ao ser colhido pelas malhas da própria insensatez.

Adiante é um irmão que se enganou a si mesmo e não consegue recuperar-se da anestesia em que tombou moralmente...

Todos eles caídos no labirinto da própria insânia.

Não poderão escusar-se da responsabilidade, porquanto a lição viva do Evangelho, hoje, no mundo civilizado, já não é ignorada, exceto por aqueles que preferem ser "cegos" porque "não querem ver", ou sem informações por haverem tornado moucos os "ouvidos", por se negarem a escutar...

Apesar disso, que não darias para leni-los, diminuir-lhes a angústia, liberá-los da hórrida canga sob a qual se estatelam e estiolam!?

Desdobrarias a repartir, certamente, da tua ventura o melhor, a fim de os auxiliares.

Conquistas são, porém, inalienáveis.

Cada Espírito é o que de si mesmo faz...

Conjeturando a respeito de tal ocorrência, que sempre sucede, acende quanto antes a luz do Evangelho no teu lar, pelo menos uma vez por semana, mesmo que eles, os familiares, prefiram não compartir as tuas ideias.

A luz do Cristo no lar é presença que espanca sombras e dificuldades, embora estas teimem por permanecer.

Não imponhas as tuas concepções espirituais aos amigos e conhecidos, no entanto, não deixes de os informar a respeito da vida abundante.

E quando te encontres no ministério do socorro aos desencarnados em aflição, fá-lo com amor e ternura, recordando que se eles não te pertencem ao círculo da afetividade pessoal, constituem membros amados de outros Espíritos que se empenham e te rogam ajuda, a fim de que despertem, se penetrem de responsabilidade e paz, rumando para a felicidade, que é meta de todos nós.

39
A PARÁBOLA
DAS SEMENTES

Estudo: cap. XVI – item 8.

U m agricultor, possuidor de vasta gleba de terra, chamou três dos seus servos e lhes disse:
"A ti – destacou o primeiro –, *empresto cinco sementes preciosas para que multipliques, gerando a bênção da fartura e da prosperidade.*

A ti – dirigiu-se ao segundo –, *concedo três sementes raras a fim de que tuas mãos as atendam no solo e o teu cuidado as preserve da inclemência do tempo, com elas produzindo agasalho, grãos e alimento para muitos.*

E a ti – referiu-se ao terceiro –, *faculto uma semente preciosa, híbrida, das mais relevantes, única que se conseguiu após laborioso esforço, a fim de que possas transformá-la em abundância para muitos e em felicidade geral.*

Quando retornar, porém, na minha severidade e justiça, pedirei de volta os meus empréstimos e regalar-me-ei com as vossas conquistas."

Foi-se o amo. E os servos, cada um a seu turno, realizaram como lhes aprouve a tarefa a que se comprometeram.

Passado um largo prazo, retornou o amo e os chamou à presença, exigindo prestação de contas.

O primeiro, jovial e afortunado, expôs: *"– Aqui estão, não somente as tuas sementes, mas cinquenta sacas de grãos com que te enriqueço, e a terra imensa, reverdecida, que as tuas sementes me propiciaram pela multiplicação contínua de suas flores e de seus frutos, no que consegui produção e felicidade em derredor."*

O segundo, à semelhança do anterior, referiu-se, em júbilo, à fertilidade da terra e à produção de que foram objeto os três grãos abençoados que recebera, restituindo-os, multiplicados em trinta sacas refertas...

Mas o terceiro, atônito, sem saber como explicar-se, justificou que, atemorizado de perder a semente preciosa que lhe fora destinada, sepultou numa gaveta forte, dela esquecendo-se.

Ante a volta do amo, procurando-a, descobriu-a ressequida e estiolada, vencida pelo tempo, sem utilidade, morta...

O amo, ante a abundância dos servos previdentes e laboriosos e a negligência do insensato e preguiçoso, lhe impôs: *"– Padecerás fome, experimentarás abandono e sofrerás angústias em acompanhar a prosperidade dos outros, servo mau e amigo infiel, homem avaro e negligente.*

"Quanto aos outros, que recolham a dita e a paz que multiplicaram a benefício de todos e deles próprios."

Parodiando a preciosa lição do Mestre em torno da oportuna "Parábola dos talentos", merece meditarmos em torno das sementes de luz e vida que a Doutrina Espírita arroja na arca dos nossos corações.

O Senhor, generoso, no-las concede a todos, a fim de que nos transformemos em solo ubérrimo para multiplicar a fortuna da sua doação. Todavia, cada criatura assume atitude especial que lhe é própria.

Pessoas existem que abençoam a concessão divina, multiplicando dons, favorecendo oportunidades, gerando o enriquecimento da esperança.

Outras semeiam a alegria, esparzem otimismo, lecionam generosidade e se transformam em centelhas que lucilam quando a noite é torva e a tempestade ameaça.

Algumas perseveram no posto de fidelidade, zelando pela terra, defendendo a plantação, contribuindo para a felicidade geral.

Não faltam, porém, os avaros e mesquinhos, homens e mulheres atormentados em si mesmos, em si mesmos inditosos, negligenciando os deveres e perturbando a sementeira alheia.

Constituem a imensa mole dos seres em trânsito nos dias atuais.

❖

Utiliza-te da semente de que dispões, com sabedoria e discernimento.

Usa o teu talento com propriedade e abnegação, mesmo que ele tenha a significação de quase nada, multiplica-o e te enriquecerás de valores.

Instado a produzir, embora a tua parte signifique pequena monta, realiza o melhor, sem te preocupares com os demais.

O Senhor se circunscreverá ao compromisso mantido contigo e não te pedirá além do que te emprestou para o milagre da reencarnação.

Tem tento e opera com humildade, porém com perseverança, mediante contributo lograrás a fecundidade da vida em abundância na tua vida.

40
Insatisfeito mas perseverante

Estudo: cap. XVI – item 14.

Aturdes-te ante os impositivos renovadores. Sem poderes sopitar a amargura, experimentas tédio indefinível que te lanha a alma com rudes relhos a estrugirem, comandados pela vigorosa mão da insatisfação.

Não identificando os fatores causais, porque honesta a tua sede de paz e de felicidade, sofres agonia sem palavras e procuras fugir, inconscientemente embora, aos compromissos novos.

E repassas os conceitos de ventura, mediante as vinculações com as expressões imediatistas da forma, agradáveis, porém breves, como se a ausência desta e daquela posse, sempre secundárias, te constituísse valor de alta monta, não obstante já disponhas do que é mais importante.

Necessário e urgente que faças uma revisão de conceitos.

A posse, normalmente, esmaga aquele que se supõe possuidor.

Joias, dinheiro, moradias, objetos, apesar de necessários, em certas ocasióes, transitam de máos, não raro sobrevivendo aos seus enganados possuidores...

❖

Indaga aos que se locupletam no prazer e de coisas se repletam, se estáo felizes, e eles responderáo que estáo ansiosos, senáo cansados...

As amizades lavradas nas bases das posiçóes dominantes no mundo viajam, também, com as posiçóes, os cargos, os destaques, quando estes mudam de pessoa ou de lugar.

Interroga aqueles que deixaram os postos enganosos a respeito do apreço dos que os bajulavam, à hora do destaque político, econômico ou social, e eles te afirmaráo que hoje tragam lágrimas salgadas de desencanto, suportando o pesado fardo da ingratidáo, o ácido dos remoques e das zombarias dos que antes lhes disputavam um lugar ao lado ou as migalhas nas mesas fartas da aparência mundana...

Examina o amor, que parece táo importante apenas do ponto de vista da sexualidade, quase sempre confundido com as paixóes dissolventes, e propóe indagaçóes aos protótipos do gozo, da beleza e modelos da forma como se encontram, e descobrirás, se te forem honestos, a mudança da face, normalmente aberta em sorriso profissional, transformada em ríctus de amargura, asseverando que seguem frustrados, incompletos, e que prefeririam, se pudessem, outro tipo de vida...

Segurança, na Terra, ninguém tem, por enquanto. Isto porque, aqui nos encontramos em reforma, em aprendizagem, em aquisiçóes de experiências, em conquista de valores.

Segurança legítima é amar – doando-se; confiar – servindo; esperar – perdoando.

Há tempo para cada realização.

Num momento o alicerce, depois o edifício. Hoje a sementeira, amanhã a messe de luz...

❖

Fruirás, sim, a paz por que anelas, e defrontarás a plenitude em ti mesmo, que hoje te falta.

Não te aflijas pelo amanhã, nem te afadigues sob tormentos perfeitamente superáveis.

Jesus ensinou-nos a descobrir os ínsitos valores de nós mesmos e estimulou-nos a transformá-los em estrelas fulgurantes, clareando a noite da nossa atual conjuntura.

Não te entregues, portanto, à desnecessária aflição.

Espera e ama desde hoje. Logo mais estarás tranquilo e feliz com o Cristo, a quem já começas sentir no imo da alma.

41
DESALENTO

Estudo: cap. XVII – item 7.

Q uando se enfloresce o ideal, tudo se colore e o entusiasmo planeja realizações edificantes, de alto porte.

Pela imaginação transitam esperanças em programação feliz, enquanto os sentimentos se enriquecem de júbilos.

Esforço, sacrifício, renúncia são conceitos habituais que passam do conteúdo idealista à manifestação comportamental, transformando-se em combustível e claridade para o labor.

Os óbices se revelam desafios à tenacidade, que os vence com resolução firme e trabalho perseverante.

Haure-se na realização abraçada o entusiasmo que dinamiza a coragem, a fim de prosseguir-se com denodo.

Os equívocos são tolerados, as debilidades dos companheiros recebem tratamento especial e todos parecem aureolados pelos valores morais e títulos de vitória que, em verdade, ainda não possuem.

Quem chega com arrebatamento não possui visão de profundidade, procedendo a observações apressadas que mais tarde é constrangido a retificar.

Na ânsia de aproveitar o tempo, antes mal aplicado ou perdido, pretende modificar estruturas, reformar técnicas, ativar movimentações... Às vezes, consegue, nem sempre, porém.

Passado algum tempo, aclimatado ao ambiente, reformulados conceitos imaginosos que ora se tornam feição da realidade, muda de atitude.

Os de temperamento ardente debandam, queixosos, magoados, dizendo-se decepcionados. Estes pretendiam perfeição alheia num paraíso terreno hipotético.

Outros, de compleição moral diferente, reagem conforme seu modo de ser, em oscilações complexas.

Um número expressivo, todavia, de devotados trabalhadores que perseveram, padece de uma sutil quão grave interferência: a do desalento!

Este lhes chega imperceptivelmente, agasalhando-se em argumentos fracos e bem urdidos.

Aqui é um exagerado cansaço, injustificado, que disfarça o desinteresse.

Ali são aparentes necessidades de trabalhar em realizações remuneradas, objetivando provisões domésticas, estabilidade da família, previdência para o futuro. Explica-se que será por pouco tempo.

Acolá se revela como insatisfação e surdos desencantos em torno de pessoas e ideais, desculpando-se as novas reações.

Normalmente faz-se aparecer esse desalento, asseverando que a transformação moral do mundo, senão impossível no momento, é irrealizável, e que quaisquer tentativas são baldadas. O descoroçoamento se manifesta com amargura, e a visão, antes clara, das coisas e pessoas nubla-se, entorpece-se até à deserção total, sob pessimismo que aniquila a prazo demorado...

❖

Não lhe dês apoio. Aos primeiros sinais, reage. Não o vitalizes. À sua chegada, enfrenta-o com a razão clara.

Não lhe facultes instalação. Quando passes a perceber as limitações alheias, a censurar, a pensar em fuga, reconsidera tua posição e insiste.

O homem se faz pelo que produz, não pelo em que crê, no que admira.

Embora cercado pelos comensais do despeito, da inveja, das múltiplas imperfeições, lecionando a sós o Reino de Deus, Jesus não desanimou nunca, nem mesmo quando traído, abandonado e erguido numa cruz, isso porque desejava que cada um, tocado pelo Seu amor, sem olhar para trás, fizesse o mesmo. Portanto, prossegue e não desanimes nunca.

42
GOZOS E CÁRCERES

Estudo: cap. XVII – item 8.

P or mais te justifiques os prazeres equívocos, não os tornarás morais ou legais. Mesmo transitoriamente abonados por leis humanas falsas, não serão sancionados pela tua consciência, que um dia despertará sob a inspiração da Divina Consciência.

A ansiedade, o obnubilar da razão ante a falsa necessidade do gozo produzirão, cessado o momento anelado, uma amarga decepção. Talvez não te dês conta inicialmente. Todavia, a pouco e pouco, mediante a repetição sôfrega e rápida, sentirás o tédio e compreenderás o quanto te cabe suportar, doravante, sob a carga que te impuseste.

As concessões ilusórias são breves.

Céleres passam as horas e, na contabilidade do tempo, as que foram desperdiçadas ressurgirão em forma de carência, de necessária reabilitação. Entretanto, aquelas que te constituíram renúncias, sacrifícios, compensar-te-ão com imensurável paz em caudal de indefiníveis bênçãos.

❖

Se te encontras a ponto de comprometer-te com o erro, estuga o passo e não prossigas.

Se derrapaste pela rampa de insensatez e ainda não tomaste conhecimento da gravidade, não te comprometas mais.

Se já percebes o engano cometido, não te detenhas em remorsos inúteis. Faze o caminho de volta e não te negues o pagamento nobre do desaire. Amanhã é dia novo.

Conversa um pouco com os que estão nos cárceres, entre arrependimentos tardios e domínios de Entidades perversas. Foram vítimas de um momento de irreflexão, de largos dias de revolta. Quiçá não tiveram a claridade da fé pelo caminho escuro por onde transitavam.

Ouve um coração traído e sentirás quanto dói a sua agonia. Coloca-te, em pensamento, no seu lugar, e, sem dúvida, não gostarias de ser ele.

Os enredados nas malhas do vício são tristes e desiludidos. Quando fingem alegria, apenas fazem bulha, e quando estrugem de felicidade, não se encontram em estado de lucidez, antes estão estimulados por drogas ou açodados por ânsias alucinantes. Logo mais, estarão caídos, em entorpecimento.

De forma alguma te permitas enfileirar-se como um deles.

A saúde da alma se nutre de equilíbrio e de perseverança nos ideais nobilitantes da vida.

Não te creias em desamparo ou olvido, somente porque supões faltar-te alguém que te comparta o festival do amor, ou a mesa farta dos gozos, ou as concessões outras que se te fazem escassas.

Isso logo passará.

O que te é destinado, lograrás a esforço, porque ora o que te falta resulta da abundância que malbarataste.

Ninguém está, na Terra, em regime de desgraça total ou de felicidade plena.

Resolve-te pela paciência e porfia na esperança resignada.

Em momento algum te escuses redenção ou crescimento moral.

Há os que estão em cárceres materiais por erros de hoje e de ontem.

Existem os que estão limitados em jaulas carnais pelas mesmas razões.

Multiplicam-se os presos no remorso ou no vício de ontem ou de agora.

Todavia, quando Jesus foi preso numa cruz, transformou-lhe os braços em asas sublimes, ensinando que somente na consciência reta e na conduta irreprochável encontra o homem, em qualquer circunstância, os meios para ser livre e feliz, rumando para os cimos da Imortalidade triunfante.

43
MÉDIUNS CONSCIENTES

Estudo: cap. XVIII – item 12.

S e te habituas a um grande silêncio interior, após o exercício de um comportamento moral nobilitante, ouvirás... Registrarás sutis impressões psíquicas que vibram nos refolhos da mente, articulando ideias, ao mesmo tempo criando clichês, nos quais se insculpem imagens e se corporificam pensamentos a se imprimirem nos painéis das tuas reflexões, provindos de outras inteligências...

Mentes em vigorosas emissões, conscientes ou não, dardejam em todas as direções.

Inapelavelmente, por um processo de sintonia na mesma faixa de frequência de interesses, produzem intercâmbio salutar ou danoso, em processo de transmissão e de recepção.

Se te elevas pelo pensamento, alcanças vibrações nobres; se te perturbas e vulgarizas, registas as mais grosseiras.

Na problemática da mediunidade, a questão de relevância não se prende à lucidez pela consciência ou ao sono pela inconsciência para o fenômeno ser autêntico, antes à sintonia que resulta dos processos de vinculação mental do sensitivo com as ideias e interesses que melhor lhe aprouverem.

De pouca monta a celeuma como a desconfiança em torno das manifestações por psicofonia e por psicografia sob o controle consciente do médium.

A relevância está no comportamento moral deste, do que resultará o conteúdo da mensagem, porquanto, de acordo com as construções mentais e o clima psíquico de cada um, serão atraídos os Espíritos que se afinam por semelhança e necessidade emocional.

Sem dúvida, o escrúpulo deve sempre nortear o indivíduo em todos os labores a que se afervore. Todavia, convém não se desconsiderar que o excesso de cautela é tão pernicioso quanto a sua falta.

Não te escuses de produzir mediunicamente porque se te assomem conflitos quanto ao estágio na consciência em que, por enquanto, te encontras.

Procura desincumbir-te do ministério, arrimado às santas intenções e estruturado nos postulados do conhecimento doutrinário, com cujos valores não tropeçarás.

De forma alguma cultives receios improcedentes, tais como os fantasmas do animismo e da mistificação.

Em todo processo mediúnico, intelectual ou físico, sempre encontrarás algo que se exterioriza do instrumento. Nem poderia ser diferente.

Mediunidade, como o próprio nome diz, é meio. A finalidade é o progresso do medianeiro, como o daqueles que o cercam num como noutro plano da vida.

Consciente das responsabilidades, mantendo lucidez mental durante a ocorrência do fenômeno, não delinquirás.

A vigília auxiliar-te-á a corrigir os excessos, e a disciplina os abusos.

❖

Paulatinamente, mediante o exercício metódico das faculdades mediúnicas e através da conduta correta no bem, conjugando a oração ao trabalho, lograrás o êxito e os resultados felizes que anelas.

Muito melhor para o trabalho na Seara do Bem o médium consciente, cujos deveres estão em pauta de equilíbrio, aos inconscientes, cujo comportamento os assinala com irresponsabilidade e insensatez.

A consciência ou lucidez durante o transe não te constituam empeço ao desempenho das tarefas que te cabe desenvolver.

Jesus prossegue consciente dos Seus deveres, esperando os homens que, conscientemente e não autômatos, inermes, desejem cooperar na Sua Vinha de Luz.

44
PROMESSA E TESTEMUNHO

Estudo: cap. XIX – item 3.

Ante o desastre iminente, exclamaste: "Ajuda-me, Deus meu, e modificarei a minha forma de viver." Em face das conjunturas difíceis, rogaste: "Dá-me, Senhor, outra oportunidade, a fim de recomeçar."

Sob o açodar das enfermidades vigorosas, solicitaste: "Concede-me, Divino Médico, ensejo de recuperação, agora, quando a maturidade dos anos me ensinou a discernir."

Acometido pelos sentimentos tormentosos de tardio arrependimento, suplicaste: "Benfeitor Generoso, enseja-me novos cometimentos de redenção."

Ao eclodir das injunções reparadoras com que não contavas, prometeste: "Se me for facultada por Deus a ensancha da renovação, que reconheço não merecer, tudo se modificará...".

Passadas, porém, as circunstâncias constrangedoras, cessadas as dores conflitantes, diminuídos os fatores provocacionais, ao retornar da calma e dos hábitos de antes, volveram também o amolentamento do caráter, o olvido do compromisso, a dúvida, o descaso...

Todavia, as dores não são convivas extemporâneos, que transitam e se vão. Sem dúvida que retornarão, já que constituem processo de desgaste da forma e de sublimação do Espírito em processo depurativo.

Instrumento do progresso, o sofrimento é o hábil modelador da vida, em nome do Senhor da Vida, retificando arestas, impulsionando tendências e aptidões que o amor agora não logrou conseguir.

❖

Não te descures da real tarefa de iluminação interior, antes, durante ou depois do sofrimento.

Discípulo do Cristo, o teu fanal é a vitória sobre ti mesmo, a serviço dos nobres objetivos que abraças em prol de um mundo melhor.

As lutas e as renúncias constituem-te o clima e o lugar em que deves localizar-te em face dos compromissos, sem te permitires a ilusão ou devaneio anestesiantes, agradáveis, sim, no entanto, entorpecentes, a um passo da alucinação...

Não temas, portanto, o testemunho de qualquer natureza, quando e como te surja, concitando-te à viagem para dentro, ao mergulho interior, donde retirarás os tesouros das reflexões com que superarás óbices e vencerás limitações.

Nada te constranja ante o que deves fazer em prol da tarefa abraçada.

Humilhado sob a chalaça do populacho obsidiado, esmagado sob o peso de uma cruz de vergonha, Jesus permaneceu pulcro e superior às circunstâncias, embora testemunhando renúncia e humildade, com que nos convidava, desde então, a segui-lO sem temor, na direção da Vida perfeita e total.

45
FÉ – CONQUISTA

Estudo: cap. XIX – item 4.

A fé é uma virtude intelectual que decorre do esforço racional, laborado a penates de sacrifícios e abnegação. Ao brotar espontânea hoje, tem as suas nascentes no passado, quando foi iniciada e desenvolvida sob a custódia da confiança que a corroborou mediante a demonstração pelo fato.

Necessidade imperiosa para o ser inteligente, já que ninguém se consegue realizar sem o contributo da sua vigência, impõe requisitos de valores morais que constituem o embasamento da sua fixação no cerne da alma.

Alimenta-se de exercícios espirituais e reflexões, sem o que esmaece, deperecendo e apagando-se temporariamente.

Atavismo primário da vida, é lâmpada acesa no imo do espírito, a refletir através de renovações incessantes, até que os subsídios do testemunho pelos fatos lhe definam os contornos, estabelecendo as suas diretrizes contra as quais força alguma logra êxito na tentativa de extirpá-la.

Por questões imediatistas, o homem se deixa soçobrar nas ondas revoltas dos testemunhos e dos sofrimentos, abatendo-se na negação com que espera fugir das conjunturas numa ânsia de apagar-se, apagando os fatores perturbantes que induzem ao desespero. No entanto, dileta filha do amor, a fé renasce e estua na mente, dominando o coração, transformando-se em virtude do sentimento, mãe da esperança e da caridade, em cujos braços se nutre, ao mesmo tempo, vitalizando-as, porquanto, sem o seu contributo, aquelas não conseguiriam medrar ou sobreviver, quando repontassem...

❖

Não te deixes assoberbar, no báratro das aflições, sem os teus momentos espirituais para a reflexão.

A fé que não reflexiona perde vitalidade e se transforma em hábito de crer, sem os expressivos recursos da coragem na luta e do ânimo diante das vicissitudes inditosas, mas necessárias.

Não te recuses, no afã que te absorve, os momentos de oração.

A fé que se não nutre na prece, facultando o deleite da vivência espiritual, se converte em acomodação que não suporta os imperiosos testemunhos do caminho evolutivo por onde todos transitam.

Não te receies, diante do volume de deveres por executar, de parar para haurir, na inspiração divina, o pão mantenedor.

A fé que não se faculta abrir à sintonia com as fontes inexauríveis do Mundo espiritual, se entibia, porque desfalece ante as imposições do vaso carnal, transitório, a que o Espírito se jugula para o impositivo evolutivo.

Reflexão, prece e inspiração – eis os recursos vitais para a problemática da fé espiritual, no campo de atividades entre as criaturas humanas.

Se ainda não consegues "a fé que remove montanhas", se te sentes desfalecido sob o fardo dos problemas, se os conflitos te despedaçam, às vezes, os sentimentos e não encontras o apoio total da fé, não recalcitres; começa o exercício da confiança, entrega-te às mãos de Deus e, sem reagir, sem arrojar-te aos dédalos da alucinação, perceberás que os débeis lucilares da claridade espiritual imortalista surgem, atestando a misericórdia do Pai, e, por fim, dominando-te em totalidade, a ponto de fazer-te "carta-viva" da fé legítima, clarificando o roteiro sombrio de todas as almas.

46
A FÉ INDISPENSÁVEL

Estudo: cap. XIX – item 6.

A fé é um alimento espiritual de que ninguém pode prescindir.

Encontra-se insculpida nos recessos do Espírito, e mesmo quando solapada pelos interesses mesquinhos ou esmagada pelas circunstâncias inditosas, prossegue e revela-se com mil faces, em variadas expressões.

Apresenta-se espontânea, natural, graças aos impositivos da própria vida.

Inconscientemente se manifesta na tácita aceitação dos múltiplos fatores que organizam a existência humana, tanto quanto surge nas atividades, sem que o homem lhe perceba a injunção, sem a qual, suspeitoso e inconformado, se estiolaria, padecendo dominadores e injustificados receios.

A fé humana está presente em todos os cometimentos da própria conjuntura física.

A fé divina, no entanto, em considerando as frágeis expressões em que as organizações religiosas a têm apresentado, surge e esmaece no Espírito, conforme as disposições que o dominam no dia a dia da romagem carnal na busca do destino, da vida imperecível.

A fé religiosa somente sobrevive se calcada na razão e na envergadura superior dos fatos que lhe servem de base.

Conquista intelectual, se robustece mediante exercício e análise, estudo e observação, com que se fixa, produzindo os milagres da transformação íntima da criatura, que se encoraja à abnegação e mesmo ao sacrifício, ao holocausto. É elemento vitalizador dos ideais de enobrecimento e sustentáculo da caridade.

Transitam em muitas direções aqueles que iniciam as abençoadas experiências evolutivas e, destituídos da experiência da fé, se apresentam céticos e frios.

Não tiveram tempo de vivê-la ou de comprová-la.

Outrossim, alguns que se aninharam em muitas escolas religiosas do passado, formando nelas os conceitos espirituais, ao defrontarem a realidade do Além-túmulo, decepcionaram-se por não encontrar as glórias de mentira que anelavam, tornando-se, lamentavelmente, descrentes desde então.

Conquista que requer zelo e esforço, a fé, além de ser virtude preciosa, também se reveste do valor racional, sem o que não suporta as vicissitudes nem os sofrimentos.

Disse Jesus a Jairo, o chefe da Sinagoga que Lhe rogava socorro para a filha considerada morta: "Não temas, crê somente", e chegando à casa da enferma, despertou-a para a saúde e a vida.

Busca Jesus nos momentos difíceis, quando bruxu-
leiem os fulgores da tua fé, e reveste-te da necessária humildade, a fim de submeter-te aos impositivos da evolução,
embora o tributo de aflição e lágrima que seja necessário
oferecer.

Não duvides, porém, do auxílio divino, em todos os
dias da tua vida.

A fé é uma necessidade imprescindível para a felicidade, fator essencial para as conquistas íntimas nos rumos da
evolução.

47
EQUIPE DE TRABALHO

Estudo: cap. XX – item 2.

O problema da equipe de trabalho é, quase sempre, o problema do líder.

O individualista prefere a autoafirmação, mediante atitude de isolamento e egolatria em que sucumbe, mesmo quando forrado de ideias enobrecedoras e aspirações superiores.

Enquanto comanda, sente-se bem, esquecendo de que a liderança é fenômeno natural e que o melhor condutor se destaca pelo respeito que inspira e pelo valor que possui, não pela imposição e exigência que faz.

Os membros de uma equipe são trabalhados pela bondade e conduzidos pela sabedoria, do que decorre cada um ter o grupo de serviço que merece, em decorrência de o haver produzido.

❖

Clãs espirituais se comprometem, antes da reencarnação, à tarefa em que devem mourejar a benefício do crescimento moral e da própria ascensão.

A programática se desdobra esquematizada, e o amor constitui o traço de união, o alicerce de segurança e a porta de serviço...

Grupos afins, que se extraviaram e compreendem a necessidade de libertação como de soerguimento, programam labores, na Terra, que executam em clima de harmonia e abnegação, desdobrando esforços a benefício geral.

Espíritos forjados para as realizações enobrecedoras mergulham nas densas vibrações do corpo físico, apoiados por cooperadores afeiçoados, convocados pelo Senhor da Vinha para darem cumprimento às Suas determinações.

❖

Quando a Obra é do bem, o trabalhador não ignora estar na sua realização, em trânsito.

Se tenta apropriar-se dela por leviandade ou presunção, passa e perturba o trabalho, quando este não morre com o seu pressuposto dono...

Quando, porém, faz o melhor e se entrega às mãos do Obreiro Infatigável, realiza o que pode, confiando na bênção do tempo, certificado de que o não logrado agora convida-lo-á a volver para concluí-lo mais tarde.

Se, todavia, no ministério abraçado se sente com pouca cooperação, é porque esta lhe deve constituir o processo de autoburilamento e de sacrifício que lhe diz respeito.

❖

Não te amargures porque não te vejas envolvido por mãos e corações amigos pelejando contigo.

Agradece ao Senhor a presença dos colaboradores que te auxiliam a conduzir a luz do amor e o pão da caridade entre as sombras da necessidade e da aflição.

Em qualquer circunstância, porém, sê coerente com o próprio trabalho, compreendendo que ninguém tem o dever de ajudar-te, embora te encontres comprometido para auxiliar a todos.

Se te conduzires ativo e paciente, perseverando no bem, será formado um grupo de trabalho ao teu lado, todavia, se tal não ocorrer, é porque deve ser assim mesmo.

Jesus Cristo, porém, sem dúvida, nunca te deixará a sós, sendo a tua força e equipe eficiente.

48
ANTE TESTEMUNHAS

Estudo: cap. XX – item 4.

H á sempre alguém contigo. As tuas planificações mentais e ideias impelem-te às comunidades onde podes dar vazão ao que cultivas interiormente, aí fixando interesses.

Os teus atos atraem aqueles que são afins em gostos e aptidões, constituindo o grupo humano a que te vinculas.

Cercado por familiares e amigos, por cômpares e adversários, não jornadeias sem testemunhas, portanto esses te compartem opiniões ou atitudes, observam-te, inspiram-te ou impelem-te pelo caminho afora.

Benfeitores espirituais, financiadores da tua reencarnação, prosseguem, também, sem desânimo, contigo, auxiliando-te na ascensão.

Não apenas esses, porém.

Testemunhas outras há, do teu pelejar na Terra, que te seguem e anotam as boas como as más realizações, um dia apresentando-se à tua consciência com as dúlcidas consolações ou com os espículos das suas duras incriminações.

Conforme te conduzas, atrairás semelhantes dentre os Espíritos que pululam na Erraticidade.

Age, portanto, com pudor e dignidade em qualquer situação em que transitoriamente te encontres.

❖

Há pessoas que usam dois tipos de comportamento: o público e o particular.

Diante de outras criaturas são gentis, aparentam nobreza e agem com elevação.

Quando se supõem a sós, no entanto, extravasam as paixões e, não raro, fossilizam na licenciosidade...

Recorda-te das testemunhas espirituais, quando não as tenhas fisicamente presentes.

Mesmo que tal não te bastasse para agir corretamente, a presença dos Espíritos bons como dos inditosos, participando da tua vilegiatura, nunca te olvides de Jesus que, em nome do Pai que tudo provê, jamais nos deixa a sós, sendo a nossa sublime e digna testemunha maior.

49
BONS E MAUS ESPÍRITOS

Estudo: cap. XXI – item 7.

Característica iniludível da elevação dos Espíritos Superiores – a humildade!

Não se jactam dos valores com que se destacam, nem se referem a proeminências que se relacionem com o passado ou o presente.

Evitam inspirar qualquer forma de fascínio, ensinando pela bondade com que persuadem à vivência do bem, e, graças ao comportamento enobrecido com que perseveram nos postulados de elevação, induzem ao amor pelo Pai Criador.

Escusam-se elogios e negam-se o culto da personalidade.

Tudo quanto realizam, fazem-no pelo Cristo, a Quem se referem com profundo respeito, deixando à margem louvaminhas e melindres típicos das paixões humanas, conduzindo os pupilos com sabedoria e simplicidade, ao mesmo tempo pautando atitudes e labores nas seguras diretrizes da austeridade e da disciplina moral.

São coerentes com a conduta evangélica, e em momento algum compactuam com as conveniências arbitrárias do poder transitório, das momentâneas e humanas injunções.

Severos na vivência do bem, são gentis, jamais se permitindo vulgaridades ou acrimônias, simonias ou incensórios às vaidades de quem quer que seja.

Discretos, silenciam e não se imiscuem na problemática dos erros alheios, nem se fazem coniventes com as censuráveis atitudes que comprometem a responsabilidade e os objetivos da dignificação humana.

Facilmente se deixam conhecer através do emanar da Espiritualidade de que se revestem, pelo conteúdo e pela forma com que se expressam.

Evitam as complexidades sonoras e vazias da linguagem de efeito, já que se interessam mais pela mensagem do que pelo seu revestimento...

Procura sintonizar com eles, a fim de com eles elevar--te, liberando-te dos convencionalismos inúteis e das circunstâncias que conduzem a coisa nenhuma, porém fulguram por momento nos jogos dos destaques terrenos...

❖

Frívolos ou perversos, os Espíritos enganadores ou impiedosos são prepotentes, presunçosos, dominadores, ainda vinculados a dominações do instinto, exercendo sobre os médiuns e os assistentes que lhes caem nas malhas pressão subjugadora, com que os exploram emocional e psiquicamente, locupletando-se em insano comércio de obsessão, num longo curso de lamentáveis consequências.

São de linguagem complicada e vazia uns, enquanto outros se apresentam licenciosos, mantendo conversação zombeteira e chula, a pretexto de intimidade, em anedotário irreverente e ferinte, quando não se propõem um respeito a que não fazem jus, impondo-se às mentes invigilantes, que terminam por controlar...

A fim de dominarem suas vítimas, menoscabam o valor do estudo e asseveram que são mestres, podendo ensinar e salvar...

São, porém, "cegos a conduzirem cegos", conforme o ensino evangélico.

❖

Tem cuidado no intercâmbio com o Mundo espiritual, buscando nas fontes do esclarecimento espírita as diretrizes da razão lúcida.

"Ora e vigia", não te permitindo deslizes nem te facultando sintonia com eles, os irmãos enganadores ou maldosos da retaguarda espiritual.

Se os defrontares ou lhes sofreres a influência nessa ou naquela circunstância, para, refaze as observações com seriedade, repudiando as conexões maléficas, e busca o Cristo, que nunca se equivocou, permanecendo como a "Luz dos séculos", até hoje esperando por todos nós, no termo da jornada a que nos afeiçoamos por Ele e por nós próprios.

50
PROFETAS DA MENTIRA

Estudo: cap. XXI – item 10.

D isse Jesus: "Vós sois a luz do mundo", e a tarefa da luz é por demais significativa para que alguém diga ignorá-la.

Espanca as trevas mais espessas, vencendo distâncias com expressiva celeridade.

Aponta rumos, descerrando óbices e clareando abismos com segurança.

Amplia horizontes de esperanças, quando parece soçobrar a barca da vida no mar encapelado das paixões...

A luz é símbolo de pureza, de poder, de vida.

Nenhum cristão, portanto, pode pautar a conduta fora da claridade do Evangelho.

Nenhuma atitude dúbia, nenhum comportamento suspeitoso, nenhuma posição nebulosa se pode permitir.

Coerente com a fé que abraça, transforma-se em modelo, constitui-se exemplo.

Não se justifica fraquezas, nem se permite reincidências no erro.

Abraçado à humildade, não teme nem recua diante de dificuldades ou em face das injunções que, sub-repticiamente, tendem a afastá-lo dos compromissos esposados.

Consciente, é consequente em pensamentos, atos e deveres.

❖

O espírita, por ser cristão autêntico, é vexilário da Doutrina de que se impregna e busca viver.

Suas palavras, seus fatos.

Ensina e executa.

Não alardeia produções, não exibe ações.

Comedido no falar, é discreto no aludir às realizações nobres que lhe dizem respeito.

Fiel na discrição, é dedicado na produção do bem, mensageiro da luz.

❖

Os falsos profetas sabem insinuar-se, enganar, espreitar as ocasiões e projetar-se, ganhando honrarias e destaques.

São fátuos e astutos na arte da mentira.

Vivem na treva da ignorância que cultivam, vitimados pela insensatez e pelo bafio da loucura que conduzem em gérmen.

Não lhes dês guarida no coração, nem os agasalhes na tua casa mental.

Vinculado a Jesus, seja tua a tarefa insignificante, no entanto, digna, que realizes com enobrecimento e renúncia, sem perseguir as promoções pessoais ou buscar os destaques perigosos.

Pensa em Cristo, liga-te a Ele e desvela-O pelo teu viver a quantos renteiam contigo, mesmo que seja necessário sacrificar-te.

Tornado "luz do mundo", não te detenhas na tarefa do bem, prosseguindo valoroso e oportuno, porquanto a luz é fator primacial para a vida onde esta se manifeste.

Ante a luz da verdade diluem-se os enganos e as mentiras, sendo impossível que os falsos profetas da Terra ou da Erraticidade encontrem campo em ti ou em torno de ti para a sementeira da dissensão e do mal.

A teu turno, sendo "luz do mundo", não correrás o perigo de tornar-te um deles, esses irmãos infelizes que, pela mentira, procuram perturbar a tarefa do Senhor, o Excelso Mensageiro da Divina Luz.

51
TESTEMUNHOS NA ASCENSÃO

Estudo: cap. XXIII – item 17.

O sofrimento, considerado punição ou tido como resultante da influência negativa dos Espíritos infelizes contra os obreiros do Evangelho, constitui enfoque defeituoso que deve ser retificado.

Toda colheita de sombra e dor procede da semeação da amargura e do desaire.

Natural, portanto, que a refrega da aflição seja uma decorrência do impositivo da própria evolução.

A dor impõe-se como desgaste das arestas morais, que necessitam ser lapidadas, ou resulta do lógico processo de transformação orgânica de que se utilizam as Leis Soberanas da Vida para burilar o Espírito, advertir o incauto, corrigir o rebelde.

A dor é o extremo oposto do processo do amor, de qualquer forma veículo dele, a fim de elevar os seres às excelsitudes.

❖

Ocorrem, sim, ciladas promovidas por mentes perturbadas da Erraticidade, que se comprazem em afligir, em inquietar.

Desforços e vinganças, perseguições e invejas engendram lamentáveis métodos de flagício contra os homens, os que estão vinculados naturalmente àqueles que, então, se transformam em seus algozes.

Nem todos os sofrimentos, porém, promanam dessas causas.

Empenhado na construção do bem imperecível em si próprio, quem se resolve à ascensão padece o impositivo de ter que retirar as escamas e sair das jaulas das paixões, das constrições do comodismo e da trivialidade, das celas da ignorância para os largos horizontes inundados de madrugadas perenes...

Quem se acostuma à treva sofre ante o formoso fluxo da luz.

Quem se acomoda na inutilidade sente a dor dos esforços na ação edificante.

Compreensível que, no fenômeno da elevação espiritual, a dor proceda à avaliação dos valores individuais e coletivos, produzindo a seleção da qualidade moral dos candidatos à ascensão.

A excelência de um ideal faz-se conhecida pelo que consegue na transformação íntima daqueles que o vivem.

Aquilata-se a nobreza de um caráter pela forma elevada com que este se desenovela das conjunturas ásperas, graças aos recursos de que se utiliza.

No desiderato da vivência no ideal cristão, indubitavelmente são exigidos os contributos da sublimação e da renúncia, da humildade e do trabalho incessantes, mediante os quais o candidato se elege à felicidade.

Não seja, pois, estranhável o preço do sofrimento constante, que se faz solicitar a quem deseje elevação e paz.

Jesus, ensinando-nos dignidade e grandeza, em momento algum se eximiu à dor, nos múltiplos trâmites do caminho, ensinando-nos que "se com o madeiro verde se faze isto, que será do madeiro seco?", não deixando margem a desculpismos, justificações para a fuga ou deserção de nossa parte.

52
DECISÃO FIRME

Estudo: cap. XXIV – item 15.

O agastamento moral converte-se em distúrbio da emoção, que termina por instalar lamentáveis processos neuróticos na tua personalidade.

Em qualquer empreendimento, contarás com aqueles que te não apoiam, por uma razão natural de preferência ou em face do estágio evolutivo em que se situam.

Os trêfegos passam, prometem ajuda e se vão.

Os tímidos permanecem a distância, planejam ajudar e não se encorajam.

Os descorteses apontam erros, fazem-se azedos e seguem adiante, criticando.

Os agressivos surgem, impetuosos, procuram louros para si mesmos, e fogem após a explosão da própria morbidez patológica.

Os devotados sempre estão sobrecarregados, embora ajudem.

Os humildes laboram com discrição e simplicidade, não fugindo.

Cada homem é o seu próprio programa; cada coração é a aspiração peculiar à faixa emocional em que transita.

Não te agastes, portanto, com eles, os irmãos aturdidos.

Além de inquietos em si mesmos são, também, antenas vivas da leviandade irresponsável que procede das faixas inferiores do Mundo espiritual, que deles se utiliza em intercâmbio insano.

❖

Integrado na realização edificante, não percas o otimismo.

Não faltarão os que te exaltam as qualidades negativas para estarem bem contigo – arrojando-te em abismos de decepção e amargura.

Cercar-te-ão os portadores de "lixo moral", que transformam os teus ouvidos e o teu coração em depósito de censuras e más notícias.

Envolvem-te outros em apelos deprimentes e sentem-se bem por ver-te amarfanhado, desde que recebam as tuas migalhas de afetividade...

São técnicos em ver apenas espinhos e não rosas; pantanal e não drenagem; monturo em vez de adubo útil...

Não os acates.

Não os animes.

Reage ao mal de qualquer procedência.

A tua opção já foi feita por Jesus. Segue, então, jovial e cortês, nobre e esperançoso.

Não dês campo a que medre o escalracho do agastamento no teu jardim de bênçãos.

❖

Instado por uns ao reproche sistemático, por outros convidado à reação violenta; por muitos concitado ao desespero, por diversos conclamado à fuga; incontáveis tentaram fazer que blasfemasse, amigos insistiram para que desanimasse; todas as razões pareciam contra, e todas as metas se afiguravam remotas, no entanto, Jesus manteve elevado o padrão de jovialidade e ternura, embora soubesse que marchava para a ingratidão de todos e a cruz de ignomínia, precedendo à morte infamante...

Tornou-se, todavia, o símbolo e a realidade do que podemos fazer e ser.

Nunca se agastou, porém, ou conservou atitude hostil...

Renova-te, desse modo, na aspiração elevada e conserva-te dócil, amigo.

Agastamento, nunca!

A tua decisão firme e final é o bem.

Discorda, nega, conduz, ajuda, administra, serve – com bonomia. És construtor do bem, não escravo de um dever amargamente conduzido.

Assim sendo, volta a amar e a sorrir. O erro dos outros é problema deles, enquanto o teu é o problema de bem ajudar, estimular e erguer com legítima alegria, sem agastamento, quando os teus planos já não receberem a compreensão dos outros e mesmo em tal circunstância.

53
ESTAS OUTRAS DORES

Estudo: cap. XXIV – item 19.

Quando te preparavas para o labor reencarnacionista e dispunhas de visão lúcida, mediante a qual podias discernir em relação ao próprio futuro, rogaste a soma das aflições redentoras que ora chegam em abençoadas provações.

Não obstante o programa expiatório relativo às arbitrariedades e cometimentos infelizes perpetrados antes, que se fazia imperioso regularizar, solicitaste a oportunidade de sofrer, sem revolta nem alucinação, novas cargas de padecimentos como advertências, a fim de que não tombasses em resvaladouros mais profundos ou compromissos mais inditosos...

Mesmo depois do mergulho nas vestes físicas, quando em parcial desdobramento pelo sono, ouvindo os nobres instrutores desencarnados entretecendo comentários sobre a Vida imperecível e feliz, voltaste a instar pelos sofrimentos de que dizias necessitar, para não sucumbires ante o ópio letal das tentações...

Preferiste o auxílio da soledade e da amargura às facilidades perigosas e às plenitudes anestesiantes, no firme propósito de edificação da ventura.

❖

Levanta, portanto, o ânimo e faze cantar o amor e luzir a caridade, enquanto te transformes em mensagem viva de otimismo e de esperança para os que se encontram menos aparelhados para o triunfo, quiçá menos sofridos também, mas que não possuem as tuas fortunas de fé.

Trabalha, infatigavelmente, pelo teu próximo, apesar das rudes ânsias do coração e das duras penas do teu silêncio, vencendo cada dia uma etapa nova, na rota do teu avançar e crescer.

Não são todas as tuas dores expiação lapidante.

São prêmio, também, para a tua ascensão, por enquanto desafio que te compete superar.

Mediante austeras disciplinas da mente, da vontade e do corpo sobrepairarás em todos os impositivos causticantes de agora.

Exulta e não chores mais as provas solicitadas, embora a ausência de lágrimas nos teus olhos requeimados.

Não permitas que te vejam as paisagens íntimas assinaladas de tristeza.

Quanto mais passamos ignorados, melhor crescemos e nos adiantamos.

❖

Que todos de ti exijam sem dar-te, tornando-se, sem o perceberem, sicários seguros e constantes fiscais que te não desculpam, mas sempre te impõem.

Não reclames, não recalcitres, não os decepciones.

A ti não te permitas vacilações ou desculpas, enquanto que a eles, sim, faculta-lhes ser o que são ou preferem ser.

Se te analisam e são severos para contigo, estão no papel que se atribuíram.

Se te perturbam e molestam, desenvolvem o programa com que se afinam.

Se não te amam e te amarguram, são instrumentos do teu aprimoramento, sem o saberem.

Tu, não!

Renasceste para a sinfonia do amor e do trabalho, aliás, como todos, mesmo os que retardam esse momento.

Conheces Jesus!

Segue-O, então, resoluto, sabendo que O encontrarás, após vencida essa etapa com que te apressas à evolução, após superadas as tuas aspirações e essas outras dores que solicitaste resgatar em clima de urgência para a tua mais rápida liberação.

54
COMPORTAMENTO EVANGÉLICO

Estudo: cap. XXV – itens 1 e 2.

Lecionou Jesus: "– Bate e abrir-se-te-á."

Se o teu irmão chega, trabalhador do bem, e bate à porta da tua alma, abre-a com música de ternura e festa de emoção.

Se ele chega em agonia e bate, abre-a com a canção da esperança e deixa que sua alma, ao adentrar-se pela sala da tua bondade, se recolha à certeza da vida que não cessa...

Se ele se acerca com receio e bate, abre-a com a segurança da fraternidade, como a dizer-lhe que não lhe faltará abrigo nem apoio...

Firmou Jesus: "– Pede e dar-se-te-á."

Se alguém distende as mãos em concha e te pede algo, dá a moeda de solidariedade, em forma de compreensão e amizade, sem reproche nos lábios nem azedume no coração.

Se o companheiro de ti se acerca e pede com o olhar súplice, porém sem palavras, o socorro para a exulceração que o atormenta no país de espírito aturdido, não lhe sindiques as causas profundas e ocultas que ele não se atreve a dizer-te, e dá-lhe afeição ao lado do entendimento fraternal de que ele carece.

Se o homem sofredor te fala das necessidades que o estiolam intimamente, pouco importa donde procedem essas dores; enriquece-te de júbilos, a fim de poderes dar algo da fortuna da tua fé pujante...

Asseverou o Mestre: "– Busca e acharás."

Se o teu irmão busca reabilitação no teu conceito e te explica o mal que fez, desata a fraternidade e deixa-te arrastar pela alegria de doar-lhe o perdão.

Se ele te busca em silêncio e segredo, esperando socorro e misericórdia, dá do que tenhas e faze-te o discreto benfeitor que oferta e passa, qual um aroma que impregna, some, porém não fica esquecido, permanecendo na memória do beneficiado como inequívoca demonstração da Misericórdia de Deus.

Se alguém chega às portas da tua emoção e deixa que lhe percebas as dores excruciantes que ele não se atreve a desvelar-te, buscando em silêncio junto às portas do teu coração rico de plenitude e paz, dá a tua parte de amor; faze mais: dá-te em nome de Jesus e salva o sôfrego que se encoraja a apoiar-se nas tábuas da esperança, a fim de que te ache ao seu lado através da tua participação cristã...

Porque reiterou o Divino Amigo: "Todo aquele que bate defronta aberta a porta, o que pede recebe e o que busca acha..."

Quiçá chegará, também, o teu momento de bater, pedir e buscar, se por acaso não te encontras a fazê-lo reiteradamente.

E mesmo que não necessitasses do teu irmão, o que de forma alguma ocorre, já que ninguém na Terra se encontra em regime de completista, não poderás passar sem bater, sem pedir e sem buscar a Misericórdia de Nosso Pai, que nunca nos falta, em considerando as nossas infinitas necessidades.

55
As metas-desafio

Estudo: cap. XXV – item 3.

Inevitável o progresso.

Fatalidade incoercível a evolução.

Localizado no processo histórico-espiritual da ascensão, não ficarás à margem do impositivo divino: avançar para a felicidade.

Ante a determinação da Lei, não te olvides das metas-desafio que deves atingir, mesmo que seja a penates.

Os condicionamentos atávicos do pretérito impelem o Espírito à queda, ao desalinho, com os quais mais facilmente aderes. Para tanto, basta que te deixes arrastar pela correnteza da acomodação e da indiferença ante o bem.

Em decorrência disso mesmo, parece-te quase impossível romper com a retaguarda, logrando a resistência para culminar na vitória sobre os limites impostos pela urdidura do princípio animal, reflexológico da personalidade deficiente.

Ninguém alcança os altiplanos sem vencer os percalços do caminho.

A visão das alturas é fruto da ascensão, que desafia os que transitam nas baixadas.

Não te retenhas ante a fragilidade aparente das forças. O Espírito é o que se impõe, o a que se subordina.

Se estás acumpliciado com a ira que irrompe violenta, abrindo as portas ao ódio comburente, detém a fúria e preserva a confiança tranquila.

Se as aspirações a que te aferras parecem conspirar contra os ideais de felicidade, insiste com o mesmo entusiasmo, mil vezes, como se fora a primeira tentativa, cada vez.

Se tombaste no complicado dos erros e te deixaste arrastar ao engodo que produz o crime, recomeça, corajoso, sem remorso inútil nem receio injustificado.

Não é certo que a tua austeridade se faça soberba, tampouco não te acomodes ao engano, em eufemismos de solidariedade.

As metas-desafio são de dentro do homem para fora, na áspera luta da sublimação, e se fazem também de fora para dentro, nos apelos externos para os quais a disciplina te dará resistência, a fim de não sucumbires.

Tem cuidado contigo próprio e, em relação àqueles que te induzem as alucinações, mantém-te vigilante.

Chora, porém provê-te de fé e paz.

Esta é a tua oportunidade ditosa. Não a retardes mais.

Jesus conduziu-se integérrimo nas metas-desafio, desde o berço à cruz e da ressurreição à ascensão, amando, ajudando, sempre ligado ao Pai em Quem hauria forças e plenitude para a vitória total. Imita-O e atingirás as tuas metas-desafio.

56
PENSAMENTOS E AÇÕES CRISTÃOS

Estudo: cap. XXV – item 4.

Dize e faze: Começarei este dia com atitudes renovadas. Propõe e executa: Amarei hoje aqueles a quem antipatizei até aqui.

Estabelece e realiza: Os valores da minha fé são tesouros inalienáveis. Deles me utilizarei com serenidade e equilíbrio.

Informa-te e utiliza-te: A vida é um alto quinhão de Deus. Tenho obrigação de preservá-la a benefício de mim mesmo.

Recorda e considera: Se hoje for o meu último dia no corpo físico, deverei vivê-lo com a segurança de quem possui uma oportunidade que não pode deixar passar.

Naturalmente, o dia novo é uma bênção que te chega após a oportunidade que se esvaiu.

Exercer uma superior mordomia significa descobrir valores que jazem ao abandono e podem ser desperdiçados se te não apurares no mister de recolhê-los.

Cada amanhecer representa formosa concessão de Deus àquele que viu o cair da tarde e presenciou a aparente vitória da noite sobre a luz...

Por isso, formular propósitos salutares e executá-los é impositivo impostergável a favor de tua evolução.

❖

Amar as pessoas difíceis de serem amadas; aquelas que te crivam de mal-estar; as que dispõem de palavra azeda que te amarga as horas; as que sabem manipular a antipatia que ultraja; aquelas que logram ferir os teus sentimentos nobres quando estão a desabrochar são, em verdade, o teste da vida aos teus valores morais.

Possivelmente, a teu turno, és também uma pessoa difícil de ser tolerada pelos amigos...

Tolerado pela vida, és estimulado a tolerar aqueles que se comprazem na animosidade gratuita, ou te perturbam o caminho da evolução.

Não é lícito que deixes a tua paz converter-se em convulsão porque pessoas aturdidas se interponham na tua marcha, criando problemas, engendrando dificuldades.

Detestando-as, vitalizarás a antipatia e a idiossincrasia malévola; amando-as, vencerás a reação; dominando a animosidade que inspiram, lograrás manter a tua paz.

O amor ofertado àqueles que se fazem problemas para o amor constitui o desafio que a vida te propõe para que avalies as próprias conquistas.

Diante desse problema-desafio, tu, que possuis a fé recamada de bênçãos, não te podes permitir o deslize na insensatez, muito menos na agressividade.

Os tesouros de amor que enriquecem a arca da tua confiança constituem estrelas que fulgem no sudário da noite, em perene luminescência para os que perderam o rumo durante o dia.

Deixar que tais oportunidades passem sem o contributo da tua compreensão significa malbaratar o patrimônio da hora e entorpecer a dádiva que te ajudará a crescer.

O cristão decidido investe, na renovação interior e na conquista da vida, todos os valores reunidos numa decisão: a vitória sobre as imperfeições.

Viver hoje sem as amarras do ontem e sem as transferências para o amanhã significa aguardar o momento da partida com a segura confiança de quem sabe que prosseguirá vivendo, colhendo os resultados da sementeira operada até aqui.

Não dormir sobre os louros dos triunfos passados, nem lamentar as horas transatas que foram perdidas, não programar em demasia os labores porvindouros, nem recear os dias que advirão, vivendo com inteireza e integridade o momento, sem dúvida, representam para o homem de espírito cristão uma conjuntura valiosa, por identificar que este momento foi elaborado pelo ontem.

Fruir, retirar do instante que transita as melhores expressões da vida, equivale a compreender as lições do Evangelho vivo, insculpindo-as no íntimo do coração e vivendo-as na exteriorização das ações relevantes.

Quem encontrou Jesus, renova-se, ama, enriquece-se e prepara-se para todas as conjunturas.

57
TESTEMUNHOS
PARA A LIBERTAÇÃO

Estudo: cap. XXV – item 5.

P orque te arrimas à fé espírita, não trilharás em condição excepcional, na Terra, sem os testemunhos libertadores.

Porque te identificas com os ideais de enobrecimento humano, não avançarás sem o contributo das dores.

Porque possuas a claridade do discernimento das causas essenciais e primeiras da vida, não atravessarás a senda do progresso indene à aflição.

Porque te encontres na mediunidade, a serviço do Cristo, não te pouparás às justas provações cujas matrizes, no passado, te constituem impositivo de elevação.

❖

Crê-se que a fé, pura e simples, os ideais enobrecedores, o discernimento dos deveres espirituais e o exercício da mediunidade com Jesus concedem um clima de vida especial ao servidor do Evangelho.

De fato, esses valores somam bênçãos que minimizam amarguras futuras e desesperos porvindouros. No entanto, a imperiosa necessidade de testemunhar fidelidade à fé, ao ideal e ao dever se transforma em condição relevante para autenticar a qualidade das aspirações superiores a que o trabalhador do Cristo se vincula.

O bem que se faz é investimento para o futuro, quanto o mal que se fez constitui cobrador do presente.

❖

Não te amedrontem as formosas opções do sofrimento por Jesus, no cumprimento das tarefas de amor.

Se sofres, prossegue servindo.

Se ainda não foste chamado à prova, prossegue servindo da mesma forma.

Hoje ou amanhã, receberás o convite irrecusável para atestar e definir posição: com Deus ou com Mamon.

O próprio Mestre não se eximiu à escolha, preferindo a cruz, quando poderia receber dos homens e do mundo a transitória e mentirosa homenagem da ilusão.

Porfia e te libertarás para sempre, apesar das dores que os testemunhos te imporão, irrecusavelmente.

58
ANJOS GUARDIÃES

Estudo: cap. XXVIII – item 11.

N unca se afadigam nem reclamam. Carregam o fardo de aflições dos seus amados com expressões de otimismo, procurando sustentá-los em clima superior de afetividade e devoção.

Jamais se escusam ao exercício do amor e da caridade junto aos pupilos necessitados e calcetas.

Sempre se encontram afeiçoados, produzindo recursos salvadores, com que se colocam como intermediários de Deus, a fim de que ninguém os acredite em olvido ou marginalização.

Não se recusam à insistência nem à fidelidade, intercedendo e inspirando as melhores soluções, sempre pacíficos e afáveis, engendrando técnicas de libertação e operosidade no bem, com que esperam se engajem, nas hostes da verdade, os aprendizes da vida, momentaneamente transitando pelo educandário terrestre.

Em momento algum se colocam a distância dos tutelados que lhes foram confiados pela Magnanimidade do Pai, participando das suas emoções, quando ditosos ou quando aflitos, sem se imiscuírem, no entanto, nas baixas faixas em que preferem demorar-se os diletos beneficiados.

São verdadeiros Numes, que se resolvem descer aos homens, enquanto ascendem a Deus, estabelecendo, como meta de felicidade pessoal, a felicidade daqueles que lhes cumpre amparar...

❖

Quando o tormento irrompe, a noite se faz mais escura, a soledade crucifica, a crueldade avinagra, o vício estiola, o crime urde planos, a dor punge, a agonia se estabelece, a traição se descobre, o infortúnio acrisola, em todas as amaríssimas situações estrugem ou se revelam, eles acorrem pressurosos e vigilantes para ajudar, diminuir consequências lamentáveis, impedir desgraças maiores.

Quando luz a esperança, surge a alegria, se completa o dever, cresce a glória, manifesta o bem, refunde o entusiasmo, reponta a caridade, apresenta o amor, se impõe a renúncia em jovial abnegação, eles luarizam a alma querida, ligando-se e dialogando sem palavras, num perene convite à gratidão e ao devotamento a Deus.

Inspiram paciência e humildade, diminuem conflitos e evitam danos ruinosos, tudo fazendo por amenizar a difícil ascensão dos discípulos do Senhor, no tentame de crescimento e sublimação.

Quando os afilhados se recusam a ouvi-los, a senti--los, se negam a atendê-los, preferindo a rampa lamentável da queda, ou os tóxicos escravocratas da insensatez, ou o conúbio das obsessões, ou a embriaguez entorpecente dos sentidos, ou a demorada viagem aos calabouços do crime, ou o refúgio nas sombras da irresponsabilidade, eles retardam a própria marcha ascensional a fim de ficarem aguardando os corações que se transviaram, até quando estes, por impositivo da dor – única voz autorizada a despertá-los em tal circunstância –, fazem o caminho de volta destroçados, alucinados, hebetados, distendendo-lhes braços e mãos de socorro, quais mães estoicas que descem às furnas para resgatar os filhos rebeldes, esquecidas de si mesmas...

Os a quem amam podem fugir-lhes à ajuda, nunca, porém, eles cessam de ajudar...

Tais seres sublimes, colocados por Deus para auxiliarem os homens, são os *anjos guardiães* que, donde se encontram, em missão na Terra ou noutros mundos, condicionam a sua glória à dita de erguerem aqueles que lhes são confiados.

Não te esqueças de sintonizar com eles.

Nunca te digas, creias ou sintas a sós.

Esforça-te um pouco, e percebê-los-ás.

Eleva-te pela prece, e os sentirás.

Em qualquer dificuldade ou alegria, problema ou realização tenta detectar o pensamento deles e permite que as suas elevadas vibrações, em penetrando tua alma, te façam sentir a ventura momentânea da felicidade total que te aguarda depois desta luta, em que travas a batalha decisiva da tua redenção.

59
REMEMORANDO OS MORTOS

Estudo: cap. XXVIII – item 62.

À medida que o tempo faz diminuir a dor brutal dos primeiros momentos, a saudade sorrateira se aninha n'alma, procurando minar as resistências físicas e psíquicas, abrindo os abismos do desconforto no coração...

O ser querido torna-se evocado a cada instante. Seus hábitos e realizações mecanicamente são recordados, e a ausência física se converte em brasa a queimar os sentimentos daqueles que antes lhe compartiam a convivência...

Sem dúvida, essa angustiante sensação de aniquilamento é mais perturbadora, mais afligente em decorrência do longo curso que percorre.

❖

Não te deixes vencer pela torpe visita da nostalgia que assoma, inspirando a revolta íntima ou motivando o desalento pernicioso.

A morte não representa a estação final da vida, o ato derradeiro do existir.

O silêncio que defrontas em relação aos mortos é pobreza das tuas faculdades.

Sem que o percebas, agitam-se, movimentam-se, enfrentam a realidade, sofrem e amam os que perderam as roupagens físicas, no lugar em que despertam além da morte...

Alguns permanecem anestesiados pelas ilusões, outros se hebetam na inconsciência, incontáveis enlouquecem pelos fatores que desencadearam... Todos, porém, saudosos ou felizes, esperançosos ou tristes prosseguem em estância nova, pulsantes de vida.

Recebem os teus pensamentos, participam das tuas evocações.

Se não te respondem é porque isto não lhes é lícito. Leis soberanas coíbem as precipitações informativas a teu e a benefício deles próprios.

Não prosseguem isentos da Legislação Divina e, por isso, não se fazem dotados de sapiência imediata, detentores de poderes absolutos...

Não os aflijas com a tua rebeldia, nem os tenhas como destruídos.

Coopera com o seu restabelecimento, na convalescença que sucede à desencarnação.

Volverão oportunamente ao teu regaço, dialogarão, cercar-te-ão de ternura, inundarão a tua saudade com o júbilo dos reencontros felizes...

A semente morre para que a planta viva.

A lagarta sucumbe para que viva a borboleta.

O corpo tomba a fim de que o Espírito se liberte e ascenda.

A morte orgânica é fenômeno natural, cujo ciclo se incorpora ao mecanismo da vida, que se desdobra por etapas, no corpo e fora dele.

Encara-a com moderação e confia na sobrevivência após o estágio orgânico.

Teu desespero, tua alucinação embalde se expressarão, porquanto nada conseguirão como testemunho do teu amor, antes se tornarão meios de sofrimento para ti e os teus amores que retornaram.

Não agasalhes a ideia de ir-te ao encontro deles por agora. Seria loucura inútil.

Transfere desse grande amor uma parte para os que jazem ao teu lado, necessitando realizar o ciclo evolutivo e carecem de paz, amor e oportunidade em razão dos valores que atiraram fora...

Quanto produzires em favor do próximo, em memória dos teus desencarnados, se transformará em bênçãos para eles.

Um dia, quando a treva cessar e uma clara madrugada inundar-te de indefinível luz, vê-los-ás à frente, braços distendidos como outros fizeram com eles, chamando-te com carinho para a Vida verdadeira, e prosseguirás ditoso, qual herói feliz após a batalha concluída.

Até esse momento não te desalentes nem te descoroçoes na prática do bem a benefício deles, os teus mortos que vivem, e de ti próprio que também viverás.

60
AS BÊNÇÃOS
DO NATAL

Estudo: cap. I – item 3.

Ainda pairam, sob os céus sombreados de expectativas dolorosas da criatura humana, os estupores inexoráveis das possibilidades da guerra de extermínio total, em face da alienação que se apossa de homens e governos arbitrários, em ludíbrio dos lídimos valores da existência, na sua desventurada volúpia de dominação equivocada.

Não saturado das inditosas jornadas bélicas, em que os povos se levantaram nas cidades em escombros, assinalados por inomináveis anarquias, e a orfandade defluente das lutas os transformou em homens cépticos e desiludidos, insta-se, na Terra, pela vigência dos estados alucinatórios de indivíduos e grupos, que avançam, galopantes, sobre o corcel do prazer e do pavor, com que escravizam e a que se submetem inermes.

As ambições de um dia, não obstante passem, deixando cinzas e aflições, fascinam as mentes desarvoradas que assomam, de quando em quando, em toda parte, gerando as dores superlativas que são obrigadas a carpir, posteriormente, graças às inderrogáveis Leis da Soberana Justiça.

Fadado ao bem e atraído pela beleza, o homem não se conscientizou, por enquanto, do nobre fanal do amanhã, atado aos liames do atavismo das injunções anteriores donde procede...

O poder da força constitui-lhe recurso soberano para a aquisição de uma felicidade que se converte em taça de veneno, que sorve, em inominável desesperação...

As suas conquistas, que impulsionam o progresso tecnológico e poderiam fomentar as legítimas aspirações dos ideais superiores, são convertidas em armas de destruição, em vãs tentativas de domínio sobre os outros, em razão da momentânea impossibilidade de dominar-se a si mesmo, sem dúvida, tarefa mais grave e mais difícil.

Em tal empresa, não se dá conta que o triunfador, não raro, tomba sobre o vencido, com ele sucumbindo e passando na voragem devoradora do tempo...

❖

Para modificar, porém, a arcaica estrutura do homem-fera, tornando-o criatura-anjo, veio Jesus.

Revolucionário do amor, viveu a apoteose da renúncia e do autoencontro, com que logrou encontrar todas as criaturas.

Não obstante o abutre da dominação romana, que sobrevoava o cadáver das civilizações e povos vencidos, Ele instituiu o código dos direitos humanos, já insculpido nas consciências pela Determinação Divina, em vibrante apelo pela paz de todos.

Utilizando-se do cenário da Natureza, compôs a mais comovedora sinfonia de esperança e, na cátedra natural de um monte, apresentou a regra áurea para a Humanidade, através dos robustos e desafiadores conceitos insertos nas bem-aventuranças...

Dignificou um estábulo e sublimou uma cruz...

Exaltou um grão pequenino de mostarda e repudiou a hipocrisia dourada dos poderosos em trânsito para o túmulo, quanto a pusilanimidade bafiosa, embora disfarçada, dos corifeus da ilusão mentirosa...

Conviveu com a ralé e, trabalhando-a, logrou fazer heróis e santos, servidores incansáveis e ases da abnegação...

Sua palavra, Seus feitos, Seus silêncios estoicos dividiram os tempos e os fatos da História.

Colocou-se fora dos tempos, num tempo permanente, sem ontem, num momentoso hoje-amanhã...

Quase vinte séculos se passaram depois d'Ele e, no entanto, tão próxima destes dias está a Sua Vida!

As circunstâncias eram, então, quase as mesmas. Afinal, o homem tem sido o explorador d'outro homem, o mais fraco, aquele que lhe tomba à frente...

Eis por que as bênçãos do Natal de ontem são convite vigoroso para que te deixes penetrar pela Sua Mensagem nestes dias difíceis, permitindo que Ele volte a nascer nas províncias da tua alma.

O Natal é a história do Maior Amor que jamais esteve na Terra. Recordá-lo significa impregnar-te do seu conteúdo feliz e ungir-te de abnegação e esforço, de modo a modificares as ásperas situações da atualidade, iniciando esse mister no imo e ampliando-o na direção dos sofredores que espiam a tua abundância com olhos enevoados pela cortina das lágrimas e pelos pesados crepes da dor.

Em face do dia em que Jesus nasceu e acenou com as possibilidades de um homem novo e de um mundo melhor, celebra a tua comunhão com a concórdia e a fraternidade, fazendo a outrem o que gostarias que ele te fizesse neste Natal.

Anotações